大科学家的小故事

爱因斯坦

卞开悦 编

苏州大学出版社
Soochow University Press

图书在版编目(CIP)数据

爱因斯坦/卞开悦编. —苏州：苏州大学出版社，2012.6（2014.9 重印）
（大科学家的小故事/王建成，吴文智主编）
ISBN 978-7-5672-0095-1

Ⅰ.①爱… Ⅱ.①卞… Ⅲ.①爱因斯坦，A.（1879～1955）—生平事迹—青年读物②爱因斯坦，A.（1879～1955）—生平事迹—少年读物 Ⅳ.①K837.126.11—49

中国版本图书馆 CIP 数据核字(2012)第 102692 号

爱因斯坦

大科学家的小故事

编　　者　卞开悦
丛书策划　李寿春
责任编辑　唐明珠
装帧设计　刘　俊
出版发行　苏州大学出版社
地　　址　苏州市十梓街 1 号
邮　　编　215006
电　　话　0512-65225020　65222617(传真)
网　　址　http://www.sudapress.com
印　　刷　南通印刷总厂有限公司
开　　本　850 mm×1 168 mm　1/32　印张 4.75　字数 85 千
版　　次　2012 年 6 月第 1 版　2014 年 9 月第 3 次印刷
书　　号　ISBN 978-7-5672-0095-1
定　　价　9.50 元

序

勒格罗在法布尔的传记《敬畏生命》中写道:“每一个时代总是会有那么一些具有特殊才能的人们,以他们不朽的贡献在人类进步的过程中留下值得纪念的一笔。特别是那些在某些领域里开拓出新的境界的人们,更加值得我们怀念。对于他们这样的人杰,单单只是抱着一种敬仰的态度显然是不够的。如果能够将人们对他们的怀念虔诚地搜集起来,无疑可以对后世起到一种教育和楷模的作用。”

他们生活在不同的年代,奋斗在不同的科研领域,经历过成功的喜悦,也遭受过失败的痛苦,最终,他们的研究促进了人类社会的进步,赢得了历史的认可。因此,在后人的眼中,那些著名科学家往往是传奇般的英雄。他们总是废寝忘食地工作在远离人间烟火的实验室里,做事也是一板一眼,仿佛与风趣幽默沾不上边。

确实,科学是严谨的、深奥的,科学家是寂寞的,和科学家们打交道最多的也是实验室以及实验数据。他们性格不同,背景迥异,却无不具备细致入微的观察力,坚韧不拔的毅力,无比深邃的科学思想,可歌可泣的奉献精神。他们就像神探福尔摩斯一样,在大自然的蛛丝马迹中探寻人类未知的宇宙间的秘密。他们发明和发现的道路如同原始森林中的崎岖小径，一波三折，跌宕起伏，丰富多彩。从书中一个个生动的故事为我们破解了一位位科学巨人成功的奥秘。从这个意义上说，科学家的生活又是迷人的。

牛顿非常勤奋，他一生中的绝大部分时间是在实验室里度过的，他常通宵达旦地做实验，有时一连六个星期都在实验室工作，不分昼夜，直到把实验做完为止。

达尔文从小就喜欢花草树木、鸟雀虫鱼。上学以后，他仍然保持着对大自然的浓厚兴趣。他骑马、打猎、钓鱼、采集矿石、捕捉昆虫、钻进树林观察鸟类的习性。对达尔文来说，整个世界就是一个大问号，要探索、思考的事情实在太多了。

爱迪生从小就对很多事物感到好奇，喜欢亲自去试验，直到明白了其中的道理为止。长大以后，他就根据自己这方面的兴趣，一心一意从事研究和发明。他在新泽西州建立了一个实验室，一生的发明共计两千余种。

居里夫人的大半生都是清贫的，提取镭的艰苦过程是在简陋的条件下完成的。居里夫妇拒绝为他们的任何发现申请专利，为的是让每个人都能自由地利用他们的发现。

一个爱说废话却不用功的青年，整天缠着爱因斯坦，要他公开成功的秘诀。爱因斯坦写了一个公式给他：

$$A = x + y + z$$

爱因斯坦解释道："A 代表成功，x 代表艰苦的劳动，y 代表正确的方法……""z 代表什么？"青年迫不及待地问。"代表少说废话。"爱因斯坦说。

这是一套引人入胜、让读者受益无穷的丛书，在轻松的故事叙述中阐释深刻的哲理，引导青少年步入科学殿堂。丛书不仅介绍了科学家的人格、所处的社会和时代、思想历程，还阐述了科学家的科学发现与技术发明的基本知识及其意义，引导青少年认识科学研究的过程、方法和基本原则。同时，考虑到丛书面向的是青少年读者群，编写者有意跳过那些深奥难懂的技术细节，在对这些大科学家别样人生的讲述中，注重诠释科学精神，展现大家风采，激励读者登攀。

目录 Contents

1 沉默寡言的数学神童

音乐的魅力 2

神奇的罗盘 7

调皮的数学天才 11

2 咖啡馆里的大学生活

逃离慕尼黑 16

特立独行的大学生 23

3 辉煌的1905

专利局的小职员 28

幸福的婚姻生活 34

狭义相对论 37

慕名而来的拜访者 42

不修边幅的教授 45

4 再攀高峰

广义相对论 56

伟大的验证 60

艾尔莎的精心照顾 68

环球演讲之旅 77

5 定居美国

和平战士 94
别了，柏林；别了，德国 101
普林斯顿小城的大人物 111

6 晚年生活

原子弹之父 120
亲人的相继离开 133
爱因斯坦的遗产 141

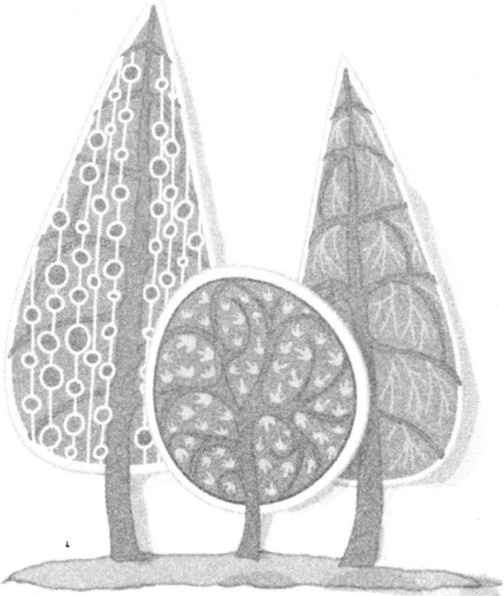

沉默寡言的数学神童

想象力比知识更重要。因为知识是有限的,而想象力是无限的,它包含了一切,推动着进步,是人类进化的源泉。

音乐的魅力

1879 年 3 月 14 日，爱因斯坦出生于德国南部的乌尔姆。他是家里的第一个孩子，也是赫尔曼和波林·爱因斯坦唯一的儿子。爱因斯坦的父亲是乌尔姆一家小型电化厂的机电工程师。但是工厂的经营状况并不好。当爱因斯坦一岁时，他们举家迁到了乌尔姆附近的城市——慕尼黑。在那里，赫尔曼和弟弟雅可布开始共同经营机电和电力设备。赫尔曼一家和雅可布在小城的边上合住着一套宽敞而舒适的房子。但是赫尔曼一生也没能成为一个成功的商人。

这对夫妇的新生宝宝，头的形状与别的婴儿明显不同，脑袋特别大，也比一般婴儿的要重，与身体的比例明显不协调；尤其是后脑勺，不但大，而且还有棱有角。当波林的母亲看见她的外孙时，惊叫起来："太胖了！太胖了！"一位医生叫阿尔伯特的父母不用担心，并告诉他们孩子会健康成长的，几个月后他的头与身体的比例会和正常的孩子差不多，但是他的后脑勺将一直是这种奇怪的形状。这要是换了一般的父母肯定会担心孩子是不是畸形儿，然而爱因斯坦的父亲却说:“孩子的脑袋大,这说明他那颗脑袋里装的智慧太多了!”这句话,饱含了他对孩子的殷切期望。时间过得飞快,转眼爱因斯坦两岁了,却不能像大多数孩子那样牙牙学语,并且缄默得让人怀疑,人们再联想起他那不甚正常的头型,简直不敢再想下去了:“这孩子会不会是个哑巴或者是个痴呆儿呢?”小爱因斯坦快三岁时还不会说话。他的母亲波林就对丈夫说:“亲爱的,你不是说咱们儿子的脑袋大,是因为里面装满了智慧吗?可他都这么大了还是不会说话,你说他那大脑袋里究竟装的是什么呢!”但父亲对自己的儿子依然信心十足,他说:“嗯,你别看他说话晚,等到他说话的时候,没准就会说个没完呢!”

小爱因斯坦不会讲话,但母亲却在一个偶然的机会发现了他在另外一个方面的天赋。

爱因斯坦受他母亲的影响较大,他的母亲波林是朱利叶斯·科赫的女儿。她对自己的两个孩子倍感骄傲,总是鼓励他们努力学习。她坚信女子也应接受良好的教育,因此在得知女儿玛亚在语言方面取得大学学位时感到欣喜异常。在当时,女子中学毕业后继续接受高等教育还是一件很不同寻常的事。波林是一个很有音乐天分的女子,有一次,她在自家的花园里弹钢琴,正当她弹得起劲的时候,突然感觉后面有异样，回过头来，她发现小爱因斯坦正歪着个大脑袋，聚精会神地听她弹奏，看他那个津津有味的样子，分明是已经听得入神了。波林很高兴，因为她意识到小爱因斯坦的耳朵对音乐很敏感。她微笑着拍了拍小爱因斯坦的头说："宝贝，看你的样子，难道是你听懂了吗？"

往后，每当母亲坐在钢琴前弹奏贝多芬等的一些著名的曲子时，小爱因斯坦都会静静地坐在母亲的旁边专心地听着。母亲通过一次次的观察，认定"大头儿子"在音乐方面一定有着平常人没有的天赋，于是她请来城里最优秀的小提琴手，做小爱因斯坦的家庭教师，专门教他拉小提琴。尽管进步不是很快，但小爱因斯坦非常刻苦。渐渐地，他居然可以断断续续地演奏莫扎特的部分作品了。这个进步让一家人高兴了许久。从此，爱因斯坦一生热爱音乐，并从中获得了安宁与快乐。

小爱因斯坦在一天天地长大，快到四岁时小爱因斯坦才开口说话，但也并不像父亲讲的那样"说个没完"。和以前一样，小爱因斯坦整天沉默寡言，好像是在沉思。小爱因斯坦还有意识地回避与他年龄相仿的伙伴们，从来不跟他们玩，经常一个人静静地躲在一边。

为了把他从那个封闭的世界中拉出来，母亲尽可能地抽出时间和小爱因斯坦交流。母亲很害怕他把自己完全封闭起来,有时特意邀请一些与小爱因斯坦年龄相仿的孩子到家里来玩,但效果并不明显,小爱因斯坦依然喜欢独处。

小爱因斯坦五岁的时候,父母为他请了一个家庭女教师。第一次上课,爱因斯坦就大发脾气,向老师扔椅子表示抗议。没有办法,爱因斯坦的父母只好马上结束这第一次还未真正开始的教育。

爱因斯坦从小性格孤僻,但令人庆幸的是,爱因斯坦的这一“独特”之处并没有被父母歧视并大加责备,相反他们总是从小爱因斯坦的一言一行中挖掘出闪光点。

有一次,爱因斯坦夫妇从外面回来,当他们推开院门时,大吃一惊,他们发现,院子里有一座楼房的模型!那模型简直跟真楼房一模一样,就是他们那幢楼房的浓缩版本!

再仔细一看,这座微型楼房居然全是用小废木料搭起来的。只见那些小木块互相咬合,着力均匀,应该是一个懂几何学和力学的中学生搭建的。

他们简直不敢相信这是小爱因斯坦一个人搭起来的。

父亲问小爱因斯坦:“儿子,刚才有谁来了?”

小爱因斯坦头都没抬,轻轻地说:“谁也没来。我不希望有人打扰我!”

母亲指着楼房模型，又问："那么这幢小楼是谁搭的？"

小爱因斯坦依然没有抬头，说："当然是我搭的了！"

母亲高兴极了，抱起小爱因斯坦就一个劲地亲。这件事情更加让她确信小爱因斯坦不像自己表面上看起来的那样笨，而是一个异常聪明的孩子。

神奇的罗盘

七岁前，爱因斯坦一直在家接受教育，七岁才开始上学，但是他那时并不引人注意。他是一个安静而害羞的孩子，从不喜欢体育运动，只是喜欢独自坐着看书，他对周围充满了好奇，经常问一些问题。

一天晚上，父亲下班回来一踏进家门，就对着小爱因斯坦的房间大声喊着："阿尔伯特，快来看看爸爸给你买什么礼物啦！"

正在练琴的爱因斯坦一听有礼物，立刻从房间里兴高采烈地跑了出来。

只见爸爸从他的公文包里取出一个盒子，小心翼翼地将它打开。

爱因斯坦接过来一看，发现里面装的是一个圆圆的、像怀表一样的东西，但又比怀表要大。只见这个"大怀表"的四周有均匀的刻度，并且写了四个字母：N、S、E、W。

"这是不是一块手表啊？不是，上面似乎多了点东西。"爱因斯坦惊奇地问。

“让我说给你听啊！它呢，不是表，表是用来计时的，而有了这个宝贝呢，你就可以知道准确的方位了，它是用来确定方向的。”父亲耐心地讲给小爱因斯坦听。

当小爱因斯坦听说这个罗盘有如此神奇的作用时，眼睛便开始发亮。就一会儿时间，这罗盘已让小爱因斯坦爱不释手了。

他手拿着罗盘不停地晃动，但不管他怎么摇动，磁针总是指向一个方向——北方。

“针为什么总是指向北方呢？”小爱因斯坦看着罗盘，自言自语地说。

“这是因为我们所住的地球，有一种力量，叫做磁场，这种力量将磁针引向了北方。”爸爸听了爱因斯坦的话后，耐心地解释道。

“那么这个力量到底是在什么地方呢？”

“嗯，可以这么说，我们这个地球上到处都有这种力量。”

在接下来的日子里，小爱因斯坦经常双手捧着罗盘。他不断地尝试着把它向各个方向翻转，或者是缓缓地转动，可无论他怎么做，那个小指针始终指着同一个方向。他明白，这就是那个看不见、摸不着的力量在发挥作用。他很想和那个小指针一起感受这个力量，指针依旧指着北方，而他自己却什么都感受不到。

一天，小爱因斯坦终于忍不住了，他去问雅可布叔叔，因为雅可布叔叔不仅读过大学，而且还是一名出色的工程师。

“叔叔，您能给我讲讲有关磁场的事吗？”小爱因斯坦围着雅可布问开了。

“阿尔伯特，你这么小，怎么问起这个问题来了呢？”雅可布叔叔感到有点奇怪。

爱因斯坦小心翼翼地从怀里取出罗盘，问道：“爸爸跟我讲是磁场让罗盘的指针指向北方的，可是我却看不到磁场，也摸不着。它到底是什么呢？”

雅可布叔叔显然对爱因斯坦的问题也感到难以回答，因为他觉得这是一个常识，而要对这个常识进行解释却又是那么困难。于是他只好说：“这个问题我不知道怎么讲你才能明白。而且我也觉得自己对这方面的研究也不深刻。阿尔伯特，你现在还小，等你读了大学，也许就能够明白了。而且现在有很多大人也在研究这个问题。”

“那——磁场既然看不到也摸不着，我们又怎么确定它一定存在呢？”爱因斯坦继续问道。

“它的确是存在的。罗盘里的指针始终指向北方就是一个很好的证明啊！其实，世界上有很多东西我们都是看不见、摸不着的，但它们又是的的确确地存在着。如引力场，我们又叫它重力场，它和磁场一样是存在的，但我们却看不见，也摸不着。我们把一件东西扔到空中，它最终会落回到地面上，这就是因为有引力的缘故。”

小爱因斯坦虽然还是听不太懂，但他觉得叔叔说得对，所以认真地点了点头。

雅可布叔叔继续对爱因斯坦说：“世界上所有的现象背后都遵循一定的规律。世界就是由这些看不见、摸不着却一定存在的规律统治着的。”

“它们和上帝一样吗？”

雅可布叔叔笑了笑说：“尽管像，但它们是两码事。”

小爱因斯坦心里盼望着自己快快长大，这样，他就可以弄明白事情背后的原因了。

雅可布叔叔很高兴，他觉得这神圣的好奇心，正是小爱因斯坦成长所必需的动力！

调皮的数学天才

小爱因斯坦还有一个比他小两岁半的妹妹——玛亚。赫尔曼和波林为他们的孩子们建立了一个温暖、友爱的家。爱因斯坦一家都是犹太人，可他们从未遵循犹太人的宗教习俗。但是小爱因斯坦总是能感觉到自然的力量和伟大。他意识到并且也相信这个世界上也许存在一种比人类力量大得多的“另一种力量”，就像看不见也摸不着的磁场一样。

但小爱因斯坦在学校里的生活并不快乐！

小爱因斯坦在上课的时候总是走神，他总是一副心不在焉的样子，他多么希望能快点下课，好早点儿回到自己的世界中去。

在大多数老师的眼里，小爱因斯坦并不能算是一个好学生，因为他不守纪律，上课时不能认真听讲，整天看起来一副若有所思的样子，但谁也弄不明白他到底在想些什么。

一次，学校开家长会。赫尔曼先生跑到学校与老师进行沟通，负责接待赫尔曼的是学校的训导部主任。看着主任那张冷冰冰的脸，赫尔曼先生小心翼翼地问：“请问按我儿子的性格特点，将来他适合从事什么样的职业呢？”

没想到教导主任竟毫不客气地说道：“毫无疑问，你儿子将来无论做什么，都不会取得成功的。”说完，他冷冷地看了小爱因斯坦的父亲一眼，便低下头开始忙自己的事去了。赫尔曼先生手足无措地站在那儿，他不知道该说些什么，也不知道该做些什么，心里痛苦极了。

就这样过了几分钟，那位主任缓缓地抬起头来，一五一十地数落着小爱因斯坦在学校的种种“不好”的表现，如不守纪律、心不在焉、想入非非等。他还告诉赫尔曼，几乎所有的老师都嫌弃爱因斯坦，因为他们觉得他性格孤僻，大脑迟钝，并且性格还倔强，不听老师的教导。

赫尔曼先生生气了，他大声地说：“偏见，这一切都是由偏见造成的。我的儿子，阿尔伯特·爱因斯坦根本就是一个好孩子！”父母亲一直在发现着小爱因斯坦身上的闪光点，哪怕是后来，小爱因斯坦被学校勒令退学，父亲仍坚持认为：“我的儿子，阿尔伯特·爱因斯坦是一个好孩子！”

小爱因斯坦渐渐长大，周围也出现了许多新的科学发明。小爱因斯坦逐渐有了自己的兴趣，尤其是对代数更为热衷。他的叔叔雅可布和他父母的一个朋友，一位来自立陶宛的年轻学生麦克斯·泰尔穆德，在这方面给了他很多鼓励和帮助。麦克斯借给了他很多有关自然科学和哲学的书籍。

麦克斯可以说是小爱因斯坦的“启蒙老师”，他把一些简单通俗的自然科学普及读物给小爱因斯坦看，看完后就和小爱因斯坦讨论。麦克斯点燃了小爱因斯坦学习的兴趣火花，在麦克斯的帮助下，小爱因斯坦的进步很快。

在小爱因斯坦 12 岁时，麦克斯给了他一本施皮尔克的平面几何教科书，这本书一下子抓住了小爱因斯坦的心。爱因斯坦晚年时曾回忆：“这本书里有许多论断，比如，三角形的三个高交于一点，尽管从表面上看起来，这是难以想象和确定的，却又是可以很可靠地把它证明出来的，以至于任何质疑似乎都不可能。这种明确性和可靠性给我造成了一种难以形容的印象。”小爱因斯坦花了整整三个星期来思考如何去证明，最后居然让他找到了一个方法，就是从一个直角三角形最长边所面对的顶点作这边的垂直线作为高，这样就把三角形分成了两个相似的三角形，由此很容易地证明了这个定理。虽然这是一个有着两千多年历史的古老定理，但是小爱因斯坦经过自己的一番努力总算把它证明出来了，他第一次体会到科学发现带来的惊喜。

麦克斯每个星期都会帮小爱因斯坦改一些习题，并且教他做一些较难的题目。小爱因斯坦进步很快，13 岁时他已自学了微积分。当他的同班同学还在为那些平面几何的简单问题和循环分数而困惑的时候，小爱因斯坦已经靠自学进入到无穷级数这个无比神奇与美丽的“无穷世界”去了。

很快，小爱因斯坦的数学水平就超过了读大学的麦克斯，这个比小爱因斯坦大 11 岁的医科大学高材生发现现在已经跟不上才十二三岁的小爱因斯坦了。为了以后有共同话题，麦克斯开始借哲学书给小爱因斯坦看。小爱因斯坦在 13 岁的时候就已经能够读懂康德的《纯粹理性批判》——这本书即使对许多成人来说都比较枯燥乏味、晦涩难懂。这个时候小爱因斯坦阅读的书主要是数学、物理和哲学方面的书。他从不看小说，唯一的消遣方式就是拉小提琴，并且这也是他一生的挚爱。

麦克斯认为他发现了一个神童，他说：“爱因斯坦将来一定会成为一个伟大的科学家或哲学家。”

咖啡馆里的大学生活

把你的手放在滚热的炉子上一分钟，感觉起来像一小时。坐在一个漂亮姑娘身边整整一小时，感觉起来像一分钟。这就是相对论。

逃离慕尼黑

1894年，赫尔曼先生在慕尼黑的工厂已难以维系，生意接近破产边缘。赫尔曼先生的生意伙伴，一个名叫加罗尼的意大利人建议把工厂搬到意大利去，那里的商业前景似乎更为光明，雅可布对此完全赞成，表示愿意入股，并以他的热情说服了赫尔曼。这年的6月份，爱因斯坦的父母和妹妹一起搬到了意大利米兰。那时爱因斯坦才15岁，父母希望他读完高中并取得文凭，因为只有有了文凭，才能考大学，只有进大学才能获得电机工程师的资格，赫尔曼非常希望儿子将来能帮他一把。爱因斯坦不想与家人分开，但他没有办法，只好听从父母的安排，留在了慕尼黑，借住在一位老太太家里。

独自一人留在慕尼黑，使本来就生性孤僻的爱因斯坦更为意气消沉，心神不宁。他十分想念他的父母和妹妹，学校的教育又让他很厌恶。有很强独立个性的爱因斯坦对一切骄横专权者都有着抵触情绪，而这与当时德国推行的教育制度水火不容。后来，1936年10月15日，爱因斯坦在纽约州立大学举办的“美国高等教育300周年纪念会”上，发表了题为《论教育》的长篇讲话，很显然其中有一段话是针对他在慕尼黑路易波尔德中学的求学经历而讲的，他说：“我认为，最坏的事情就是用恐吓、暴力和人为的权威等方法来进行工作。这种做法摧残了学生健康的感情、诚实和自信；它所培养出来的都是些顺从的人。没有自己的思想，没有创造力，这样的教育方法在德国和俄国已经成为惯例，那是没有什么可奇怪的。”

路易波尔德中学完全像一座“牢笼”，这座“牢笼”教给爱因斯坦什么呢？拼命地往他的脑子里塞呀，装呀，填呀，为今天的好分数和明天的功名利禄，不管有没有用，也不管你愿意不愿意。德国军国主义专横、强制、丑恶的特点已在教育思想和教育体制上充分地体现出来了。爱因斯坦成年后对这种教育方式及体制进行了猛烈的抨击：“有时，人们把学校看做是一种简单的工具，靠它来把大量的知识传授给成长中的一代。但这种看法是不正确的，这种做法是很不可取的。知识是死的，而学校却要为活人服务。它应当着重去挖掘和发展青年人有益的品质和才能，因为一个由没有个人独创性和个人志愿的个人所组成的社会，将是一个没有发展可能的不幸的社会。因此，学校的目标应当是培养有独立行动和独立思考能力的个人，他们把为社会服务看做是自己人生的最高目标。”

爱因斯坦无法忍受这种疯狂的充满功利的教育方式，他的表现在校内与在校外完全两样。

在校外，爱因斯坦虽然不爱讲话，可他的心灵却是恬静和自由的。他的思想在他的那份空间里自由地翱翔，当他的同学在学校里还在平面几何的浅水里扑腾的时候，他却利用课余时间畅游在微积分的海洋里。闲暇时，他与音乐为伴，以宗教般的狂热做着理想和希望的梦。沿着自己的思维，与学校的教育格格不入的爱因斯坦，只能是孤独地走着自己的路。

在学校里，这位后来蜚声世界的物理学大师的成绩，除数学遥遥领先外，其他科目几乎就没有得过什么好分数。老师们嫌他“生性孤僻、智力迟钝”，责备他“不守纪律、心不在焉、想入非非”；同学们大都视他为陌路人、怪胎，几乎从不与他来往。

1895 年春天，爱因斯坦已 16 岁了。根据当时德国的法律，男孩只有在 17 岁以前离开德国才可以不必服兵役。独自一人待在牢笼般的路易波尔德学校让爱因斯坦忍无可忍，他没有同父母商量就决定离开德国，去意大利与父母团聚。他请数学老师给他开了张证明，说他数学成绩优异，早已达到大学水平。然后又请一位熟悉的医生帮他开了一张病假证明,说他神经衰弱,需要回家静养。爱因斯坦本来以为有了这两个证明,就可逃出这牢笼般的地方。谁知,他还没提出申请,训导主任却以他破坏班风、不守校纪校规为由勒令他退学。

于是在这个春天,爱因斯坦怀着被释放的心情投入了意大利的怀抱。绿水青山,白云悠悠,连牧场上的乳牛,都让爱因斯坦感到无比舒服、自在、自由。

赫尔曼和波林对他们的儿子没能取得学位就中断学业感到失望和恼火。赫尔曼希望他的儿子能有一份体面的工作,机电工程是可供考虑的领域之一。虽然爱因斯坦因为提前离开中学而失去了上大学的机会,但是他还是决心成为一名哲学老师。赫尔曼不同意,他常常对爱因斯坦说:“把你那些哲学上的胡思乱想统统扔掉!学些实实在在的东西,将来当个电机工程师吧!”在父亲的影响下,爱因斯坦最终决定学习一些更实用的东西:他报考了享有国际声誉的瑞士苏黎世工业大学,学习机电工程专业的课程。

为了通过苏黎世工业大学的入学考试,爱因斯坦学得很用功。平时,他就帮助打点家里的机电生意。但是这一年,阿尔伯特没有通过考试,这使他的父母大为吃惊。他在数学和物理的考试中都取得了高分，但如法语、化学和生物学这些他不感兴趣的学科得分却很低。

尽管他没通过考试，但是他的数学和物理分数还是给老师们留下了很深的印象。学校鼓励他再试一次，到那时他们一定会录取他。因此，爱因斯坦在苏黎世以西 40 公里处的一个叫阿劳的小镇上的一所中学里又学习了一年。

这个依山傍水、美丽如画的小镇，一点也引不起他的兴趣。由于受到慕尼黑路易波尔德中学的影响，踏进阿劳中学大门的爱因斯坦，心头仿佛压着一块大石头。他寄住在温特勒先生的家里。温特勒先生恰好是阿劳中学的教师，他知识渊博，且深谙教育心理学。他带着爱因斯坦到学校里散步谈心，并且让自己的七个孩子都与爱因斯坦交上了朋友。很快，爱因斯坦就在温特勒先生温暖的家里找到了家的感觉，压抑、郁闷一扫而空，一个新的爱因斯坦诞生了。

19 世纪初，瑞士伟大的教育学家佩斯塔洛齐曾在阿劳活动过，他的民主和人道主义思想在阿劳中学盛行，受此影响，阿劳中学的老师教育思想开明、民主。他们不赞成用权威当棍棒、用名利当诱饵的教育手段。他们坚持让学生对自己负责，老师的责任就是向学生展示知识的风采和科学的魅力，点燃他们心中好奇的火花，激起他们的求知欲望，让他们的心智自由地发展。温特勒先生在学校里教德文和历史。他热情好客，为人纯朴，知识渊博，采集鸟类标本是他的业余爱好。他常带着爱因斯坦和其他孩子们到山里去远足，采集动植物的标本。爱因斯坦与温特勒先生朝夕相处，尊重他，热爱他，与他们一家成了好朋友。

爱因斯坦有生以来第一次由衷地喜爱学校了。老师是那么亲切，学生可以自由地提问、自由地研究问题，第一次享受到这么宽松的氛围，爱因斯坦变了：他对生活的热情，他青春的朝气和活力被激发出来了。路易波尔德中学里那个怯生生、沉默寡言的少年，现在变成了充满自信、活泼大方、热情高涨的年轻人。爱因斯坦的自信在他在阿劳中学时写的一篇短文中充分表现出来。在这篇用不大完美的法文写的标题为《我的未来计划》的短文中，爱因斯坦第一次表达出日后的果断意志。

这篇珍贵的短文这样写道：

“幸福的人对现状太满足了，所以不大会去想到未来。另一方面，青年人则爱致力于构想一些大胆的计划。而严肃认真的青年人自然想要做到使自己寻求的目标概念尽可能明确。

我若有幸考取，我就会到瑞士的苏黎世联邦工业大学去读书了。我会在那里待上四年，学习数学和物理。我想象自己成了自然科学中这些部门的教师，我选择了自然科学的理论部分。

下面就是使我作出此项计划的理由。最重要的是，我倾向于作抽象的和数学的思考，而缺乏想象力和实际工作的能力。我的愿望也在我心中激发了这样的决心。这是很自然的事：人们总是喜欢去做自己有能力去做的事情。何况，科学职业还有某种独立性，那正是我极喜爱的。”

1896 年秋天，爱因斯坦在阿劳中学以优异的成绩顺利地拿到了中学毕业证书，并获准免试进入苏黎世联邦工业大学学习。同年，由于觉得在瑞士的生活更加自由，他放弃了德国国籍，准备申请瑞士国籍。

阿劳中学的学习生涯，是爱因斯坦开展物理学研究的开端。此时正值青春年少的 16 岁的爱因斯坦就写了第一篇物理学研究论文《关于磁场的以太状态的研究》，题目看起来的确有点吓人，但内容却有点幼稚。但这无论如何都是相对论创立者迈出的探索的第一步。

特立独行的大学生

从1896年10月到1900年8月，阿尔伯特在苏黎世联邦工业大学学习和生活了四年时间，他读的是物理—数学系，该系专门培养物理和数学老师。爱因斯坦选修了很多类型的课程，从日晷到投影，从瑞士政治制度到歌德的作品，等等。但对于主课物理和数学他反而很少去上，爱因斯坦给出的理由是物理教授们讲的东西他早就知道了，对于数学他则认为分得太细，每一个细的分类都足以耗费一个人一生的精力。爱因斯坦对科学的理解在守旧的教授们看来简直是胡思乱想，在他们眼里爱因斯坦是个糟糕的、令人头疼的学生。有一次上物理实验课，按照惯例教授给每个学生发了一张纸，上面把实验的每一个步骤都写得清清楚楚，爱因斯坦看都没看一眼就把它揉成一团扔进了垃圾筒里，他按照自己的一套程序操作，突然“轰”的一声，爱因斯坦的手被炸伤了，可以想象老师知道事实情况后，是一种什么样的心情。十几天以后，爱因斯坦碰到了物理实验教授，教授走到爱因斯坦跟前，目光自然地落到了他那只包着绷带的手上，叹了口气，说："唉，你为什么一定要学物理呢？你可以去学医学、法律或者语言学也行啊！"爱因斯坦老老实实地回答："我爱物理，而且我也自认为具有研究物理学的才能。"教授摇了摇头，再次叹了口气，说："唉……算了，听不听由你，我是为你好！"

在世人的印象中，爱因斯坦是一个不拘小节的人，他总是不修边幅，头发蓬乱，不管对谁总是很随性，这种性格后来人们渐渐习惯了并传为美谈，但最初却让教授们觉得不可理喻。有一次爱因斯坦思考关于以太的问题：这个以太，飘忽不定，渺茫的太空就是以太的海洋，地球就像一只小舟一样，在以太的海洋里缓缓航行，但又如何去证明它的存在呢？要是有这么一个仪器，能测量出地球在以太海洋里的航行速度，不就证明了以太的存在吗？他成天泡在物理实验室里，有一天还真的设计出了一个能测量地球在以太中运行速度的仪器来了。

爱因斯坦把图纸拿给韦伯教授看，他兴奋地说："韦伯先生……"

韦伯教授的眉头皱了起来。他手里拿着图纸，心里想：这个小家伙，真是个怪人！别的学生都叫我教授先生，他偏叫我韦伯先生。你对他说这样，他偏要那样。

韦伯教授是一位非常注重实验的物理学家，他并不关心理论物理的新思想。他说："爱因斯坦先生（感觉到有点生气了），你很聪明，可以说聪明绝顶。但你有一个缺点：你不让别人教你！"他把图纸递给爱因斯坦，有礼貌地点一下头，然后走开了。

爱因斯坦不去教室上课，但他却看了大量的书籍。他租的那间房子里，书桌上、椅子上、床上，到处堆满了书，房东太太看了直摇头。爱因斯坦在房间里随手就可以拿起一本书来看，总是读书、读书，直到肚子叽里咕噜叫了才想起到小巷里的那几家小饭馆、小咖啡馆去随便吃些东西。有时候，一天就吃一顿或者两顿，爱因斯坦觉得头脑比肚子更加饥饿。

爱因斯坦在苏黎世联邦工业大学里结交了一些好友。他们一起探讨数学、物理问题，欣赏音乐，相处得非常融洽。学校的旁边有一个名叫"都会"的咖啡馆，是爱因斯坦与朋友们常去的地方。他们边喝咖啡边交流，从科学到哲学，从艺术到人生，无所不谈。当然，谈得最多的还是物理学。尤其是马塞尔·格鲁斯曼和安吉洛·贝索，一生都与爱因斯坦保持着密切的联系。后来爱因斯坦回忆大学生活时说："在联邦工业大学学习的岁月里，我与马塞尔·格鲁斯曼同学建立了真正的友谊。每个星期我总陪同他去马特河口的'都会’咖啡馆，在那里，我同他不仅谈论学习，也谈论着年轻人所感兴趣的一切。他不像我是流浪汉和离经叛道的怪人，而是一个严谨而又一点也没有丧失掉内心自由的人。最重要的是，他具有许多我所欠缺的才能，处理任何事情都井井有条。他学习与我们有关的课程，他学习得如此出色，以至于人们看到他的笔记本都自叹不如。每次学期末准备考试时他就会把这些笔记本借给我看，这对我来说，无疑是救命的稻草。我无法想象，要是没有这些笔记本，我将会怎样。”

爱因斯坦在苏黎世联邦工业大学时，米莉娃也在该学校学习自然科学和数学。她是班上唯一的女性。这在当时是件很不寻常的事，因为能够接受高等教育的女子寥寥无几。她来自现在塞尔维亚境内的巴切斯卡。很快，爱因斯坦和她成为了非常要好的朋友，且最终他们俩步入了婚姻的殿堂。但是他的朋友们对此感到十分惊讶——因为她比爱因斯坦大四岁，而且似乎缺乏幽默感。

爱因斯坦于1900年8月以最高分毕业。次年，在他22岁生日的时候，他获得了瑞士国籍。

辉煌的1905

我认为只有大胆的臆测，而不是事实的积累，才能引领我们往前迈进。

专利局的小职员

爱因斯坦取得了数学和物理老师的资格，他急于想成为一名大学讲师，但却发现要找到这样一份工作十分困难。因为他与母校的老师们之间有些龃龉，所以就连在那里求得一职也不可能。他亲密的朋友们留在了苏黎世联邦工业大学：格鲁斯曼留在斐德烈那里；埃拉特留在鲁迪奥那里；科尔罗斯留在胡尔维茨那里。

1901 年 5 月间，爱因斯坦得到了在温特图尔职业技术学校当几个月教师的工作，为此他高兴万分，写了一封信给苏黎世联邦工业大学的一位教授，称自己为一只“快活的小鸟”。爱因斯坦生性乐观，微不足道的成功就足以使他欢呼雀跃。

爱因斯坦热爱这份工作，因为从与学生分享知识的过程中他能感受到极大的满足。在不教书时，他继续在物理方面的研究，并开始向学术期刊投稿。就这样，他对当时一些科学上的未解之谜发表了自己的见解。而几年后，就是这些想法将让全世界震惊。

1901年秋，三个月的临时教师生涯过后，爱因斯坦又失业了。爱因斯坦在苏黎世联邦工业大学结识的哈比希特推荐下，进了一所私立的中学生寄宿学校当补习教师。爱因斯坦负责教数学，努力使数学课堂生动活泼。但是，爱因斯坦和他的老板雅科巴·纽易莎在教学的观点和目的上发生分歧，于是爱因斯坦被解雇了。

爱因斯坦的父亲这时贫病交加，看到儿子和自己一样不幸，心里异常难过。在他心目中儿子一直很优秀，他瞒着儿子，给奥斯特瓦尔德教授写信求援："亲爱的教授：请原谅一个父亲为了他儿子的事情来打搅您。……爱因斯坦目前失业，这使他非常难过。而最使他沮丧的是，他感到自己是我们的负担，因为我们的景况不好……"

奥斯特瓦尔德教授是否回过信，现在已无从考证，当事人也没有证明过，但有一点是可以肯定的，九年之后，爱因斯坦将和他一起在日内瓦接受名誉博士学位，而且奥斯特瓦尔德教授是第一个提议爱因斯坦为诺贝尔奖获奖者的人。

由于失望和挫折接踵而至，爱因斯坦感到自己的事业无论向哪个方向发展，都将举步维艰。但就在这时候，他学生时代的好友格鲁斯曼又一次帮助了他。当时格鲁斯曼自己刚当上助教，且爱因斯坦留给苏黎世联邦工业大学教授们的印象并不好，所以也就无法替爱因斯坦在大学里谋一职位。但是，他把爱因斯坦的处境告诉了父亲。老格鲁斯曼在瑞士金融界有着很高的威望，他请自己的好朋友、伯尔尼联邦专利局局长哈勒帮忙。哈勒一口答应可以让爱因斯坦过来面试，但成功与否主要看爱因斯坦是否真正有才华。

爱因斯坦立刻赶到伯尔尼专利局，来到局长办公室，他知道，必须通过这场面试。现在他父亲的工厂濒临倒闭，父母亲希望他的生活能安定下来；米莉娃也期待他能找到固定职业；他自己，也把专利局的职位看做是未来生活的幸福所在。

局长要他坐下，拿出几份专利申请书，让他当场提出意见。爱因斯坦从没有从事过这份工作，他根本不懂得其中的技术细节，这一点逃不过局长犀利的眼睛。可是，爱因斯坦对新事物反应敏锐，有准确判断真伪、对错的能力，让局长比较满意。局长收起专利申请书，问爱因斯坦最擅长什么，爱因斯坦实话实说他最喜欢物理。于是老局长和爱因斯坦谈起了物理学，从牛顿谈到麦克斯韦。多年的专利局工作，使哈勒获得了一种无与伦比的鉴别优劣的能力。他看出，这个说话温和的年轻人，确实像老格鲁斯曼所说的那样，是个诚实可靠、有天赋的人，他决定录用爱因斯坦。

爱因斯坦后来在《自述片断》中详细地讲了这件事："马塞尔·格鲁斯曼作为我的朋友在我最困难的时候，给了我最大的帮助：在我毕业后大约一年左右，我屡次失业，在生活困顿的时候，他通过他的父亲把我介绍给瑞士专利局局长弗里德里希·哈勒。经过一次详尽的面试后，哈勒先生把我安置在那儿了……我感谢马塞尔·格鲁斯曼给我找到这么幸运的职位。"

专利局离爱因斯坦住的地方很近，他每天都是步行上班，每天工作八小时。他紧张、聚精会神地伏案工作，整个身子都埋在桌子上的图纸中。

爱因斯坦的工作能力得到了认可，并很快赢得了大家的喜爱。有同事问他："怎样才能成功？怎样成为一个好公务员？"

爱因斯坦看了这位同事一眼，微笑着说，有一个公式能很好地解决这个问题：$A = X + Y + Z$。在这个公式中，A 是成功，X 是干活，Y 是游戏，Z 是沉默。

一次，有两个同事吵架，找爱因斯坦评理。爱因斯坦听得出来他们说话的火药味儿还很浓，便笑呵呵地拿起小提琴，说："我看我们还是来拉拉韩德尔吧！"

两位同事忍不住笑了，因为韩德尔是德国古典作曲家的名字，在德语中韩德尔也有“吵架”的意思。

爱因斯坦坐在四楼86号办公室里，审查一份份专利申请。那个时候人们热衷于发明创造，是一个发明欲望极为强烈的年代，专业和业余发明家，工人、农民和大学生，大家都在开动脑筋搞发明，都想获得专利权。呈报上来的新发明五花八门，大部分是一些小东西，还有不少是永动机之类的空想。局长的要求很严格，他必须提出一针见血的意见，并且写出精确的鉴定书。

爱因斯坦带着怀疑的眼光审视这些形形色色的玩意儿。敏锐的直觉和准确的判断能力，使他能很快从这些复杂的图纸中抓到本质的东西。错误的、荒唐的、异想天开的，往边上一扔；有价值的、新颖有趣的新发明、新创造，则写出鉴定书归档。一天的工作，半天不到他就做完了。

做完本职工作后，他就可以拿出一些小纸片来，做自己的物理学研究。原来，这就是他那个成功公式中的Y（游戏）呢！由于专利局的工作制度规定，上班时间不准干私事，所以他一心二用，眼睛盯在纸上，笔头在飞快地写着，演算着一个一个公式，耳朵却听着门外，一旦听到有脚步声，赶紧把纸片藏进抽屉里。

八小时工作之后，爱因斯坦步行回到家里，继续他那物理学研究工作，他想发现自然规律，找到藏在大自然背后的本质的东西，至于研究到什么时候结束，那就只有天知道了。上班是有钟点的，下班以后，时钟上的那几根指针对于爱因斯坦来说，其实已没有什么作用了。

幸福的婚姻生活

到专利局上班后，爱因斯坦在克拉姆胡同 49 号租了一套便宜的公寓。工作稳定下来了，爱因斯坦开始考虑成家了。其实在定居伯尔尼之前，爱因斯坦和米莉娃就有了结婚的打算。但不知因为什么原因爱因斯坦的父母亲一直极力反对这门婚事。为此事 1902 年爱因斯坦还与母亲产生了短暂的不愉快。他的母亲一直都不怎么喜欢米莉娃，不论当时还是后来他们结婚后，哪怕是生了孩子后。1902 年，爱因斯坦的父亲患心脏病，其实一直以来他父亲的身体状态都不好。爱因斯坦匆匆忙忙赶回家，坐在父亲身边。父亲在临终之前终于同意了他和米莉娃的婚事。1902 年 10 月 10 日，赫尔曼逝世，葬于米兰。1903 年 1 月 6 日，爱因斯坦和米莉娃举行了婚礼。婚礼十分简单，证婚人是索洛文和哈比希特。婚礼结束后，爱因斯坦带着新娘回到克拉姆胡同的住处，走到房门口准备开门的时候，我们的新郎官才发现又忘了带钥匙了！新娘只好站在新房门口，等新郎去找房东太太拿备用的钥匙。米莉娃十分清楚，忘记带钥匙是爱因斯坦的老毛病了。还在苏黎世联邦工业大学上学的时候，米莉娃就记得爱因斯坦的邻居常常反映他深更半夜站在大门口，压低嗓音对着门缝里喊：“房东太太！对不起，打扰您休息了，我是——爱因斯坦！不好意思，我又忘记带钥匙了！”

结婚后米莉娃没有出去工作，全力照顾爱因斯坦的生活，收拾着他们两个人的小家。一年后，米莉娃生下一个儿子，取名为汉斯·阿尔伯特。儿子的出生，给爱因斯坦带来了快乐，为平静的生活增添了许多的欢乐，但也带来了沉重的负担。他本来既要搞物理学的科研工作，又要全力做好专利局的审查工作，已属不易，现在又加上了家庭这部车。

一匹马同时拉着三部车！工作和生活的压力，我们可想而知了。

这个年轻的父亲，这个被老爱因斯坦仍然称为孩子的大男孩，现在也有了自己的孩子，他要自己去哄孩子：“嗯，小汉斯，小宝贝！”

从此，在克拉姆胡同通往专利局的道路上经常会看到一个专利局的小公务员，推着一部婴儿车，在来回走着，那就是爱因斯坦。只见他迈着庄重的步子，每走十几步就停下来，从上衣口袋里拿出纸片和铅笔，匆匆地写下几行数字或者是公式，低头看一眼正在酣睡的儿子，抬头望望钟楼上的那座大钟，又继续向前走去。他承诺米莉娃不管多忙每天都会陪孩子玩一会儿，或者陪孩子一起出来呼吸新鲜的空气，并且还规定了时间，夫妇二人还把它称之为“父爱时刻”。当时间到了时，已经尽到了做父亲职责的，他赶紧回到克拉姆胡同的家中，把儿子交给米莉娃，自己则钻到独立小房间去做他未完成的计算，确保不受到什么干扰。

这段时间，爱因斯坦和他的一些朋友定期在每人家中聚会，一起出去度假。他们称为“奥林匹亚学院”。他们所涉猎的范围很广，包括最新的科学研究、哲学和文学等。莫利斯·斯洛文尼后来写道：“我们的活动虽简单朴素，但其中的快乐却是无穷无尽的。”

狭义相对论

爱因斯坦沉浸在物理学的世界当中，满脑子激荡着实验数据、假设、公式和定律，手在飞快地书写那一个个奇妙的符号，他想解构这一神奇的世界，他写过的草稿纸足足可以堆成一座小山。他一直在攀登物理学最高的一座山峰，他想解决“以太之谜”。这个谜不知道难倒了世界上多少个物理学大师。年轻的爱因斯坦没有受过大师的教诲，甚至连物理学所必需的最起码的图书资料也没有，可他并不怕，他有的是勇气和决心，他认为自己具备研究物理学的天赋，他相信自己可以，这个年仅26岁的专利局的小公务员已经披挂上阵，一次又一次向最高峰冲击。

其实爱因斯坦酝酿“以太”这个问题，已有十年之久。不知有多少次，眼前似乎闪现出亮光，想象着再转个弯，就该是光明的境地了。可是，忽然又遇到难以回答的问题，继而又坠入黑暗之中。又有多少次，他感觉似乎已经走近成功的大门，钥匙已经被他拿在手上了。可在一个不眠之夜后，他又会静静地走到他的好朋友贝索那里，轻声告诉他，手上的这把钥匙目前还开不了“以太”那扇大门。

有的时候他自己也在问自己这扇大门的背后究竟会是什么东西呢？

现在，爱因斯坦手里又握了一把钥匙。他相信，用这把钥匙，应该能够解开那个“以太之谜”了。可是，在下班的路上，当他见到贝索时疲乏而又绝望地说：“不是这样，不是这样！一切都错了，关键的地方还是解释不通！”

夜深了，爱因斯坦躺在床上，翻来覆去，他哪里还能睡得着啊？那个谜还在折磨他。他模模糊糊地感觉自己抓到了什么，但一会儿又没有一丝希望，没有一线光明，一片黑暗。突然，在黑暗笼罩着一切的天幕背后，似乎出现了一丝亮光，黑暗裂开了。一下子，那万道光芒，全部冲了出来，一泻千里。解开了，全部都解开了，他心里的太阳升起来了，爱因斯坦立即翻身起床。他看了一眼正在酣睡的米莉娃和小汉斯，悄悄走到外面的屋子里，点上煤油灯，怀着激动的心情飞快地写着，生怕思绪会被突然打断……

爱因斯坦终于找到了打开“以太之谜”大门的金钥匙。

五个星期以后，爱因斯坦写成了《论动体的电动力学》。

之前他写了三篇论文，连同刚完成的这一篇，一共有四篇了。他挑了篇分量最轻的寄到他的母校苏黎世联邦工业大学。这次，母校的大门向他敞开了，他成了爱因斯坦博士。但是，是不是博士并不重要，在伯尔尼的专利局里，博士多的是呢。最重要的是，另外三篇论文，他把它们寄到了莱比锡。

爱因斯坦的一篇论文讨论了原子这种微小粒子的运动。在那时，许多科学家并不能确定原子是否真的存在。约 80 年前，在 1827 年，植物学家罗伯特 · 布朗指出水面上的灰尘粒子总是在向各个方向不停地运动。这种粒子的运动被称为“布朗运动”。但是布朗并不能解释这是为什么。

通过数学方程式，爱因斯坦证明是液体中的分子撞击表面的灰尘粒子，使得粒子像有生命似的快速运动。

三年后，也就是 1908 年，法国科学家简 · 佩兰对布朗运动进行了深入而细致的研究。他研究了水里粒子的运动，其结果显示爱因斯坦的数学方程式是正确的。佩兰的试验第一次证明了原子和分子的确存在。

1905 年，爱因斯坦的第二篇论文阐述了他对光能转化为电能的有关认识。他认为，光是由一些很小的能量“包”组成的，他将这种能量“包”称为光子。在改进了 1900 年由德国科学家马克思 · 普朗克首先提出的理论之后，他得出了自己的结论：当光照射在金属表面上时，电子被光所包含的光子从金属原子中撞出，由此产生电流。这就是光电反应。

在爱因斯坦1905年发表的三篇科学论文中,最令人惊讶的就是关于狭义相对论的那一篇。人们认为它“狭义”是因为它只适用于一些特殊的条件。该论文于6月发表,在这篇文章中爱因斯坦给出了莫利和迈克逊1887年有关光速试验的结果令人困惑的原因。他的解释使整个科学界为之震惊,因为这完全否定了牛顿的绝对时间和绝对空间的概念。

在狭义相对论中,爱因斯坦指出,所有的运动都是相对的——我们所能测出的只是相对于别的某件事物而言我们的运动速度。以数学的方法对狭义相对论进行详细说明,这个过程十分复杂,但是我们可以简要地说明其主要思想。

让我们来想象一下,一列火车正要驶出车站。一个闪亮的灯泡悬挂在车厢的正中间,灯泡每次向相反的方向同时闪出两道光。如果你在车厢里,你会发现两束光线同时到达车厢的两端。但是如果你是站在站台上,当火车经过时,你看到的就是另外一种情形。其实,当你在站台上时,两道光线的运动速度与你在车厢中时并没有什么不同,但是光从灯泡中发出的同时,火车也在向前运动着。所以,在站台上,你看到向后运动的光束先到达车厢尾部的墙壁,然后向前运动的光束才到达前面的墙壁。

对任何观察者来说,无论他以什么速度运动,光速是固

定不变的。但是此例中，一位观察者发现两道光是同时到达的，而另一位观察者（相对于第一位观察者是运动着的）则会发现它们在不同的时间到达。

在狭义相对论中，爱因斯坦指出不存在普遍的、绝对的时间。对观察者而言，时间和运动一样，都是相对而言的。唯一固定不变的是光速。

爱因斯坦的论文进一步指出运动着的物体的质量和能量之间存在一种关系，他用了一个著名的方程式进行表达：$E=mc^2$。该方程式表明，任何物质中粒子所包含的能量（E）等于其质量（m）乘以光速的平方（c^2）。换句话说，极少量的物质可以转换成大量能量。这个公式是获取核能的所有方法的核心。

狭义相对论不仅推翻了牛顿的绝对时间理论，还指出物体运动得越快，则时间过得越慢。例如，如果一位宇航员以近乎光速的速度穿越太空，相对于他/她在地球上的孪生兄妹而言，他/她的时间过得就要慢得多。所以当他返回地球时，他会比在地球上的孪生兄妹年轻很多。

这一切，都发生在 1905 年。这一年对于年仅 26 岁的爱因斯坦来说，是硕果累累的一年，这一年中他完成了四篇论文，每一篇都可以说不同凡响。爱因斯坦却说："灵感来源于上帝。"对物理学史来说，这是革命的一年！

慕名而来的拜访者

在发表了这些令人惊讶的论文之后，爱因斯坦的名字逐渐为当时的科学家们所熟知了。第一位表示对他的观点感兴趣的就是普朗克本人。他写信要求知道有关狭义相对论的更多情况。爱因斯坦以前在苏黎世的数学老师赫尔曼·米科维斯基也对该理论表现出极大的兴趣。1907 年他写道："至此，时间和空间作为单独的个体已不再存在，只有两者的结合才有现实意义。"米科维斯基的意思是我们对空间和时间的度量需要有一个彻底的改变。

物理学领域的学者四处打听，爱因斯坦究竟是何人，又处在何方。但当他们听说爱因斯坦在伯尔尼时，很自然地就犯了一个错误，他们以为这位相对论的创立者一定是伯尔尼大学的一位教授。

劳厄，这个后来也获得诺贝尔奖的物理学家，当时还很年轻，正在做普朗克的助手，刚到柏林大学时，普朗克就讲了相对论，但他没有听懂，尽管如此，他还是为这个理论着迷。于是他打定主意，一放假就去伯尔尼大学拜访爱因斯坦，去向“爱因斯坦教授”求教。

到了伯尔尼之后，劳厄没有停顿，直奔伯尔尼大学，他的心情很迫切又很激动。可惜的是，伯尔尼大学告知他没有爱因斯坦教授，后来经过多方打听才知道伯尔尼专利局里倒有一位公务员名叫爱因斯坦，劳厄愣住了。

劳厄也不管那么多了，总不能白跑一趟啊，抱着试试看的心理，劳厄赶到专利局，在走廊里劳厄一头撞上了一个年轻人，他正在走廊里来回踱着步：不修边幅，一件格子衬衫，领子还半竖半躺着，头发乱得像一团草，不加修饰的小黑胡子随意地卧在上唇边。

专利局的走廊里冷冷清清的，没有一个人。劳厄拉住眼前这位不修边幅的先生问道：“请问爱因斯坦博士在哪里办公？”

年轻人愣了半天才领悟这句话的含义：“对不起，我就是爱因斯坦。”

劳厄又愣住了，但很快他就笑了，他觉得相对论的创立者应该就是这样的人。

下班后，爱因斯坦领着劳厄在路边的一家小餐馆里坐了下来，一对年龄相仿、兴趣相同的年轻人边吃边聊，大有相见恨晚之意。他们聊牛顿聊时间聊空间聊分子聊原子，开始了他们的终身友谊。

劳布到伯尔尼拜访爱因斯坦的场面更加有趣。当时，爱因斯坦正跪在地上生煤炉，听说劳布是来请教物理学问题的，爱因斯坦摊开两只乌黑的手，幽默地说：“嗯，你看，我和你谈辐射，可是这个倒霉的煤球炉，就怎么也辐射不出热来呢？”

毫无疑问，伯尔尼对物理学家们产生了越来越强烈的吸引力。连普朗克教授也打算到伯尔尼来。1907 年 7 月 6 日，他写信给爱因斯坦：“明年我可能到瑞士度假。距离现在虽然还很遥远，可是一想到能和你会面，心里真的是十分高兴。”

不修边幅的教授

一个百年难遇的天才，难道就一辈子让他当个平凡的专利局的公务员吗？

对于爱因斯坦来说，他只需要一个可以让他全身心投入研究相对论的环境。

1908 年 2 月 28 日，爱因斯坦收到伯尔尼大学寄来的一封信，通知他学校已经接受了他入职的申请，并授予他教课的权利。

爱因斯坦终于正式成为学术界的一员。

当时，爱因斯坦的妹妹玛亚正好来伯尔尼，她很想看看哥哥是怎样上课的。她鼓足勇气，跑去问看门人："请问爱因斯坦博士在哪个教室上课？"

看门人上上下下把这位衣着整洁的女士打量了一番，问："你是博士的什么人？"玛亚红着脸说："我是他妹妹。"看门人"哟"了一声，说："他们一共只有五个人，在三楼。"

上课的人数，其实只有四个人，看门人还说多了：爱因斯坦、两个 20 岁左右的大学生，加上贝索。他们都坐在课桌上，爱因斯坦嘴里叼着烟斗，贝索拿着一支雪茄，他们你一言我一语地争论着，场面异常火热。这是玛亚从三楼那间小教室的门缝里亲眼看到的情景。

有一次，克莱纳教授也来到伯尔尼，他想来看看自己推荐的人是怎样上课的。他事先没有通知爱因斯坦，出其不意地出现在教室里，他惊讶地发现爱因斯坦出神地站在讲台前，沉默了好久。拿起黑板擦，擦掉黑板上的一行公式，然后又写下一行公式。爱因斯坦对他仅有的几个学生说，中间的几个步骤的运算不写了，因为这两天正在想一个有趣的问题，所以把这几步忘了，很抱歉，大家可以自己回去推导一下，结论绝对是不会出错的。

克莱纳简直是惊呆了，在来之前，他心里有准备，他早知道爱因斯坦与众不同的个性。但眼前的情况着实让他大为惊讶，因为这种上课的方式毕竟与学校的要求相去甚远，他不得不告诫爱因斯坦：第一，要注意作为高校老师的身份和礼仪；第二，要注意授课时的条理性和系统性；第三……爱因斯坦那双大大的棕色眼睛里全是困惑，他不懂。克莱纳摆摆手，说："算了，回家吧！"

克莱纳教授一如既往地支持着这个年轻人，他深知以常规来衡量爱因斯坦是行不通的，天才的个性总是异于常人的。

1909 年 7 月，爱因斯坦第一次获得学术荣誉——日内瓦大学授予他名誉博士称号，并邀请他出席日内瓦大学 350 周年庆祝会。9 月，他又受邀到萨尔斯堡参加“德国自然科学家和医生协会”第 81 届年会并作报告。当时的物理学界已把他列入大师之列，在这次大会上他碰到了普朗克，他把双手伸向普朗克，创立量子论和创立相对论的两双巨手紧紧地握在了一起。

从萨尔斯堡回来后，苏黎世联邦工业大学终于向他敞开了大门，推选他为副教授。对爱因斯坦而言，这不啻是个天大的好消息，他向哈勒局长提出了辞职申请，辞别了专利局的同事们。10 月 22 日，爱因斯坦带领全家迁住苏黎世穆桑街 12 号。

在苏黎世联邦工业大学，爱因斯坦的授课，不仅课程的内容和风格，而且讲课和课间休息时的一举一动都显示出他那天才般的个性和思想的与众不同。

坦奈（爱因斯坦的一位学生）谈起每周三晚间的物理学讨论课，每次课后，爱因斯坦总像余味未消，大声问道：“谁愿意陪我上咖啡店？”

于是，学生们又兴高采烈地陪爱因斯坦到咖啡店里去继续讨论。从物理学问题、数学问题转向各式各样的科学问题甚至人生问题,无所不包,无所不含。有的时候,他们就其中普朗克分子运动问题争论得不可开交,不知不觉已到了咖啡店关门的时间,爱因斯坦把两个学生带回家,让他们读普朗克最近发表的两篇文章,要他们找出其中的错误,而自己则去为他们煮咖啡。

咖啡煮好了,两个学生不好意思地说:“教授,对不起,我们看不出来其中有什么错误的地方。”

爱因斯坦手一指,说:“看,就在这儿。不过,这个是纯数学上的错误,并不影响普朗克教授推出来的物理学上的结论。”

言罢,爱因斯坦兴高采烈地讲述着自己对数学与物理学间关系的理解。

爱因斯坦在苏黎世联邦工业大学的年薪是 4500 法郎,薪水与专利局一样。但是,副教授的头衔却要有副教授的耗费和排场。加上爱因斯坦在学术上的影响力,有越来越多的人来拜会他,爱因斯坦尤其喜欢与别人聚会并高谈阔论,不管是同事还是他的学生,所以家里生活拮据,米莉娃不得不在家里收几个学生寄宿,挣一些钱来贴补开销。

因为开销太大,被柴米油盐酱醋茶搅得心烦意乱的米莉

娃时常与爱因斯坦发生矛盾。1910 年 6 月,爱因斯坦的第二个儿子出生,取名爱德华。小儿子的出生并没有能够改善爱因斯坦与米莉娃的关系。

两个人的个性都很强,就像针尖对麦芒,扎在对方身上都觉得疼痛。米莉娃认为嫁给爱因斯坦埋没了自己的科学才能。本来她也是苏黎世工业大学少有的女生,这在当时并不多见,而现在她只能做一个喜欢空想的科学巨人的妻子,只能做一个庸俗的家庭主妇,整天面对着锅碗瓢盆,这样对她来讲太委屈了。关键是,这位苏黎世联邦工业大学物理—数学系出来的家庭妇女,对家务并不擅长,操持家务的本领也不高,加上孩子越来越多,家里面时常被搞得乱七八糟。她很需要丈夫的理解、帮助、关心和体贴,可爱因斯坦自己却像个永远长不大的“大男孩”,他自己都需要别人的照顾和关心,怎么会去体贴和照顾其他人呢?尽管他也会生生炉子,陪孩子一起散散步,可心思却完全扑在物理学的研究上,哪有闲暇再顾及其他呢。

随着爱因斯坦的名声越来越大,参与的活动越来越多,家庭开支也越来越大,他的家庭悲剧拉开了帷幕。

1911 年,爱因斯坦被聘为布拉格(现捷克共和国首都)大学的物理教授。这个新工作的薪金可观,因此爱因斯坦一家住进了布拉格一套舒适的新公寓中。现在,他可以在图书馆里查阅有关最新科学发现的各类书籍,获取信息,还可以定期与许多当时最著名的科学家们交换意见。

1911 年春天,科学史上一个重要的会议——索尔维会议正在筹备中。索尔维是比利时著名的化学家和实业家,他发明了新的碱的制作方法,并将它成功地推向市场,索尔维在当时的科学界和工业界有着举足轻重的地位,他也是一位百万富翁。怎样处理自己那些数不尽的财富呢?他想扮演科学促进者的角色,和诺贝尔一样。

索尔维看到物理学正在向原子和电子的微观领域发展,这对于整个人类的未来,将产生巨大影响。怎样促进物理学这个新的领域的发展呢?索尔维想建立一个国际机构,邀请世界各国最顶尖的物理学家,到布鲁塞尔来做访问交流,大家就当前“物理学的危机”可以自由地发表意见。这就是在物理学发展史上具有重大意义的索尔维会议的发端。

1911 年秋天,索尔维向全世界二十多位最顶尖的物理学家发了邀请函,爱因斯坦收到请柬,他以奥匈帝国皇家大学教授的身份来到布鲁塞尔。

世界上从来没有过这么多“巨星”聚集在一起。普朗克教授已年逾古稀,他握住爱因斯坦的手,脸上不禁泛出了慈祥的笑容。他亲切地向爱因斯坦介绍着：这是德国的能斯特、维恩；法国来了居里夫人、朗之万和彭加勒；这是英国的卢瑟福和金斯；荷兰来了洛伦兹和昂内斯……

爱因斯坦与众人一一握手，他走到居里夫人面前，她是出席这次会议的唯一女性。爱因斯坦在日内瓦大学 350 周年校庆上见到过她。居里夫人摘下黑色的手套，露出一双瘦削但很灵活的手，手指上伤痕斑斑，她微笑着说：“这都是放射性的功劳，你的公式的最好证明。”

她的手指在空中轻巧地画了个：$E = mc^2$。

第一届索尔维会议，会议的主题是“辐射理论和量子”。第一个报告人是洛伦兹，他用经典的方法讨论辐射的问题。爱因斯坦作最后报告，他总结了量子理论的各种应用。第一届索尔维会议从经典理论开始，以量子理论告终，具有十分重要的象征意义。

在布拉格工作的时间虽然短暂，但爱因斯坦的名望已如日中天，全世界都认识了爱因斯坦。

欧洲的许多大学都向爱因斯坦发出了邀请，甚至大西洋彼岸的美国哥伦比亚大学，也发来邀请。此时，爱因斯坦的母校——苏黎世联邦工业大学也不敢怠慢自己的学生了，他们也想请爱因斯坦来主持一门新开设的数学—物理课程的讲座。

面对这么多的邀请，爱因斯坦最终选择了母校。

在那里，爱因斯坦被聘为物理教授，那年他 33 岁。从他 16 岁那年未通过入学考试起，已经有 17 年过去了。米莉娃不喜欢布拉格，她对返回苏黎世感到十分高兴，她想念苏黎世。她和爱因斯坦一样，把苏黎世当做自己的故乡。爱因斯坦对于母校总有一种依恋之情，而且他觉得，那儿有格鲁斯曼，解决引力问题需要他！

他们再一次来到了老朋友中间。格鲁斯曼开始帮助爱因斯坦发展相对论。爱因斯坦是这样描述他那时的工作的："我全身心地投入了进去。"

爱因斯坦在苏黎世待了两年。1913 年夏天，德国两位德高望重的权威学者普朗克和能斯特，风尘仆仆地从柏林来到苏黎世。他们盛情邀请爱因斯坦去德国工作并提出了一揽子方案：

第一，爱因斯坦担任筹建中的威廉皇帝物理研究所所长。他可以出些主意，也可以撒手不管，日常事务由常务秘书来打理。

第二，爱因斯坦担任普鲁士科学院院士。当时一般的院士是没有薪水的，它只是一个荣誉而已，但爱因斯坦就任的

是实任院士，年薪为 1200 马克。

第三，爱因斯坦担任柏林大学教授。爱因斯坦教授有授课的权利，但却没有讲课的义务。讲多讲少，讲什么，在什么地点，在什么时间，均由他自己决定。大学里的一切行政事务，他可以不必过问。

安定的生活条件，良好的工资待遇，充裕的研究时间，不受任何束缚和干扰，可以全心全意地进行相对论研究，这些条件对爱因斯坦而言，诱惑实在是太大了。

12 月，爱因斯坦接受邀请，他被聘为德国柏林大学新成立的物理学院的研究主任。这是一份很令人激动的工作，因为这一职位非常重要，而且它还使得爱因斯坦有很理想的条件完成其对相对论的研究工作。

1914 年春天，爱因斯坦开始了在柏林的工作。同年 4 月，米莉娃和他们的两个儿子汉斯·阿尔伯特和爱德华也来到了他的身边。但是刚来不久，米莉娃就带着他们返回了苏黎世。她不喜欢住在德国，而且住在德国意味着离她的婆婆波林·爱因斯坦更近了。她的婆婆从来就未曾接受过她。爱因斯坦对他们的离去感到十分沮丧。有一段时间，他和米莉娃相处得很不愉快，现在很明显，他们的婚姻走到了尽头。

米莉娃和两个儿子搬到了苏黎世一套出租公寓中居住。

她不得不靠教授钢琴和数学课来支付房租。从此她没有再跟随爱因斯坦,他们分居了,一个家庭终于破裂了。

自从在苏黎世做学生时的第一次会面起,米莉娃对爱因斯坦的工作便一直给予了很大的支持并为其提供了大量信息。他们曾长时间在一起讨论问题,交流思想。当爱因斯坦获得1921年的诺贝尔物理学奖时,他把奖金(35000美元)给了米莉娃以供养她和他们的儿子。但是米莉娃对此却充满了怨言,并宣称爱因斯坦的成功在很大程度上应归功于她。毫无疑问,她在他们结婚头几年是给予了爱因斯坦很大的帮助,但是她是否直接对他的研究工作作出了贡献还是相当有争议的。

再攀高峰

◎ 有一个现象的明显程度已经让我毛骨悚然，这便是我们的人性已经远远落后于我们的科学技术了。

广义相对论

尽管忙于争取和平的事业，并参与了很多政治活动，但是爱因斯坦仍在继续着他的科学研究工作。在1914—1918年的战争岁月里，他撰写了五十多篇论文，并有一本著作出版。他的知名度越来越高，无论走到哪里，人们都会向他欢呼致意。瑞士在战争中保持中立，因而爱因斯坦的瑞士护照意味着他仍然可以来往于各国之间。他拜访了瑞士和荷兰的其他科学家和和平主义者，并应邀在科学会议上发表演讲。最后，越来越多的科学家开始认真思考他的理论了。

1915年秋天，爱因斯坦抓紧一切时间工作，已经到了废寝忘食的地步。做饭时，为了省时省事，他将各种食品放在一个锅里烧煮。一天，日后将成为他继女的玛戈特发现他在一锅汤里煮着没剥壳的鸡蛋，并准备把它们一起吃掉。这种糟糕的饮食习惯使他的健康受到了很大的伤害。但是如同往常一样，工作总是第一位的，他仍继续着他的研究。

渐渐地，爱因斯坦离他的目标越来越近了。1915年11月底，在进行了十年的研究之后，他终于得出了答案。他终于知道该怎样在相对论中加上重力的影响了。他就像一个一直在黑暗中摸索着前进的人,现在突然来到了明媚的阳光下。1916 年3 月,爱因斯坦将其广义相对论公之于众。他在《物理年鉴》上发表了长达50 页的论文《广义相对论基础》,这篇论文是20 世纪理论物理学研究的巅峰之作。

他的朋友,物理学家马克思·博恩称该理论为"一件伟大的艺术品……人类自然思想史上最伟大的成就"。

1905 年,爱因斯坦提出的狭义相对论之所以如此命名是因为它仅仅适用于不存在引力的所有物理过程,研究的是直线、匀速相对运动的参照系。广义相对论的方程与参照系的运动状态无关,也就是同样适用于作加速运动和旋转运动的参考系。

爱因斯坦一直以来把广义相对论看成自己一生中最重要的科学成就。在广义相对论发表二十多年后,他对自己的学生说过:"要是我没有发现狭义相对论,别人也会发现的,因为问题已经成熟了;但广义相对论的情况不是这样。"

1919 年,爱因斯坦九岁的儿子爱德华问父亲:"爸爸,你为什么这么出名呢?"

爱因斯坦微笑着对儿子解释道:"你看见没有,当瞎眼的甲虫沿着球面爬行的时候,它没有发现它所经过的路是弯的，而我却有幸地发现了这一点。”

爱德华听懂了比喻本身，但他不可能理解其中的深层含义。

这其中的含义，也许只有那些伟大的物理学家们才体会得到，因为在他们看来，如果没有爱因斯坦，至今世界上可能就不会出现广义相对论。

从 1905 年到 1915 年，爱因斯坦花了整整十年时间才建立起广义相对论的大厦。

广义相对论的提出需要太多太多的知识和才能，几乎超出一个常人毕生所能掌握的知识的无数倍。人类不得不在大多数人平庸的事实面前赞美爱因斯坦这个伟大的天才。他的才能实在是让人高山仰止。拥有这样的天才，也是人类的福音。

广义相对论彻底改变了我们对世界的理解方式。200 年来，牛顿的定律解释了许多很重要的问题。现在广义相对论取代了牛顿的定律。它为我们探索和理解宇宙，解释宇宙的起源和发展提供了一条革命性的新途径。

宇宙是什么样的？它是怎么开始的？在人类居住的世界之外有什么？这些问题和人类的历史一样古老。从远古时代起，人们就在思考这些问题。那繁星点点的天空中，蕴藏着多少诱人的奥秘！多少年来，宇宙是神话故事的后花园，是文化的好居所。诗人歌颂宇宙，哲学家们畅想宇宙，他们描绘了各式各样的宇宙。从牛郎织女鹊桥相会的甜蜜宇宙，到天堂地狱、上帝造人的宗教观念，各式各样，无奇不有。当然最有权利讨论宇宙的，是那些研究宇宙的人，是那些彻夜不眠、把望远镜指向茫茫太空的天文学家们，是那些在实验桌旁度过日日夜夜的物理学家们。

伟大的验证

爱因斯坦根据广义相对论时空弯曲的概念，分析了无限宇宙模型的漏洞，提出了自己的宇宙模型观。他的论文出现在1917年的《普鲁士科学院会议报告》上，论文的题目是《根据广义相对论对宇宙所作的考查》。就是在这篇论文中，爱因斯坦提出了一个有限无边的静态宇宙模型。

当“宇宙有限”这几个字最初传到牧师、神父和拉比们的耳朵里的时候，他们的耳朵都竖起来了，而且竖得很长很长。

“什么？宇宙有限？嗯——太好了！”他们得意地笑了。

罗马宗教学院的天主教徒们发表了长篇大论，对爱因斯坦大加恭维。言下之意就是有限宇宙之外必有一个天堂，这样，上帝就有适当的住处了，上帝就被证实了。

对于这一类上帝在人间的代言人，还有什么好说的呢？是他们把布鲁诺活活烧死在罗马广场，把伽利略送进监狱，只是因为他们宣传科学的真理——哥白尼的日心说。而当哥白尼的日心说获得胜利之后，这些神学家们却又摇身一变，说哥白尼的日心说和《圣经》并不冲突，恰恰相反，日心说为上帝创造人类、创造天地万物提供了科学根据。对于宗教界这些人士的荒谬说法，爱因斯坦从来都抱着一种冷眼旁观的态度。

有一次，爱因斯坦访问英国，在宴会上，坎特伯雷大主教就坐在爱因斯坦的旁边。这位大主教毕恭毕敬地向爱因斯坦求教，摆出一副对相对论非常感兴趣的样子，希望能从相对论中找到一些对于上帝存在有益的证据。他呷了一口香槟酒，亲切地对爱因斯坦说：“爱因斯坦教授，有许多人对我说，广义相对论将会改变我们的宗教道德观念！教授，关于这个问题，你有什么看法呢？”

“千万别信他们。相对论研究的纯粹是科学问题。与宗教信仰没有任何关系。”爱因斯坦也呷了一口香槟酒，微笑地回答说。

对于唯心主义者的恭维，爱因斯坦始终无动于衷，因为自然科学家的自发的唯物主义始终是主流，这一点在爱因斯坦的身上体现得尤其明显。不过，遗憾的是，有些唯物主义阵营里的人，也在不断地攻击爱因斯坦的“唯心主义”，比如在宇宙有限这个问题上。但说来也怪，他们提的问题和神学家同样肤浅：“如果宇宙是有限的，那么在有限的宇宙之外是什么?”

可笑的是,他们给出的答案和神学家一样武断:“如果宇宙是有限的,那么在有限的宇宙之外存在的必然是上帝。”

于是,这些唯物主义者们给爱因斯坦的宇宙有限论贴上了一条标签——“唯心主义”。谁说宇宙有限,谁就是唯心主义。唯心主义是错误的,所以爱因斯坦也是错误的,也许,他们的性子太急了,还没有弄懂爱因斯坦的宇宙有限论到底是什么涵义,就上纲上线,对宇宙有限论展开了批判。

实质上,他们都没有真正地理解什么是宇宙有限。爱因斯坦的宇宙模型有三个重要的基本概念。

第一个概念是“静态”。爱因斯坦提出了一个所谓的“宇宙学原理”。根据这个原理,宇宙间的物质分布是均匀的,站在宇宙的任一个点观看宇宙,所看到的宇宙图像都是相同的,就像站在球面上观察球面,不论站在哪里,你所看到的球面都是一个模样。对于这个宇宙学原理,你很可能表示反对:“宇宙间的物质怎么能说是均匀分布的呢?太阳系中,99.86%的质量集中在太阳上,这显然是非均匀分布啊!还有,从地球上看月亮和从月亮上看地球,也不可能是一样的啊。”

其实,我们这是从小处着眼的缘故。宇宙学是从大处着眼，当我们的研究对象是整个宇宙时，它所使用的尺度要比太阳系大得多。小范围里看的不均匀的感觉，并不妨碍大范围里看的均匀分布的感觉。譬如地球表面，有的地方是崇山峻岭，有的地方是一马平川，有的地方是盆地，各个地点的海拔高度是不均匀的。但是如果在月亮上远远地观看地球的整体状况，那么各地海拔高度的差异就很小了，整个地球就是一个平面的球面，是相当均匀的球，或者说是椭圆形的球。爱因斯坦的静态宇宙模型还作了进一步假定：宇宙空间中的物质分布不仅仅是均匀的，而且还是静止不动的。你有可能又要反对说：“月亮围绕着地球转，地球围绕着太阳转，宇宙间的一切物质都在运动，怎么能说是静止的呢？”

其实，你又是从太阳系这个小范围来考虑问题了。用太阳系的小尺度衡量是运动的，用宇观的大尺度衡量却是静止的了。就好像站在地球上观看大海，以米作为衡量尺度，那么海水就是大浪滔滔，在做激烈的运动。但如果你在月球上观看大海，以千米或更大的距离作为衡量的尺度，那么海水就平静得像是一面镜子一样，那就是静止的了。所以，爱因斯坦认为，宇宙的总的图像就像我们从月球上观看地球一样，大致上是静止不动的，是均匀的。就如同我们头顶的星星，彼此之间的位置不是几乎从未动过吗？

第二个概念是“有限”。一直以来，对这个概念的争论最为激烈。争论的焦点就是宇宙既然是有限的，那么在有限之外的世界是什么？

其实，爱因斯坦的宇宙模型中还有第三个概念。它就是“无边”。爱因斯坦的宇宙模型，虽然是有限的，但是又是无边的。这种观点看似矛盾却又充满着辩证思想：宇宙是有限的却又没有边界，既然没有边界，也就无所谓内外之分了。

一些人对这些发现感到惊慌失措，因为他们觉得即使自己看到的事物，也都似乎不再可信了。但是另外一些人却又感到兴奋，因为他们对爱因斯坦所揭示的奇异的自然法则感到敬畏和好奇，并深受鼓舞。爱因斯坦的发现还给一些作家、艺术家和哲学家带来了巨大的影响。

与狭义相对论一样，爱因斯坦的广义相对论非常复杂。我们可以简单地介绍一下这一理论的主要思想。

在广义相对论中，爱因斯坦指出，物体使得空间发生弯曲，物体越大，这种弯曲的效果就越明显。离物体越近的地方，空间的弯曲程度越大，而离物体越远的地方，空间的弯曲程度也就越小。

现在，让我们将空间想象为一块平整的橡皮垫。如果在其中间放上一块很重的石头，那块地方就会弯曲或者说下陷。

石头越重，橡皮垫就会陷得越深。如果一个球滚过橡皮垫，它就会沿着斜坡向石块滚去。越靠近石块，就越会被拉向石块。如果非常靠近石块了，球就会不停地绕着石块打转。同样，我们的宇宙、各种射线和物质实体都是被巨大物体附近的空间弯曲所牵拉着的。这就是为什么地球会绕着太阳转，月亮会绕着地球转。

广义相对论还指出光也有质量，因此也会受到重力的影响。例如，从太阳旁经过的星光会沿着太阳质量产生的空间弯曲被拉向太阳。爱因斯坦希望将来天文学家们可以对该理论进行检验。

广义相对论发表于 1916 年，三年后，也就是 1919 年，一次日食为检验该理论提供了一次非常好的机会。通过对日食中拍摄下的两颗星星的观察，人们发现了爱因斯坦所预测的因重力而导致的光线的弯曲。由英国物理学家亚瑟·爱丁顿率领的一组天文学家测出了这两颗星星的位置。爱丁顿是英国剑桥大学的天文学教授，又是皇家天文学会的学术秘书。1916 年春天，莱顿大学给爱丁顿寄来一份《广义相对论基础》单行本。爱丁顿一眼就看出，这篇论文具有划时代的意义。

爱丁顿决定用日全食观测来检验爱因斯坦广义相对论

中新的引力理论。

根据天文预报，1919年5月29日将发生日全食。刚好，金牛座中的毕宿星团在太阳附近，这是天赐良机，到时候将给爱因斯坦的广义相对论，也就是向牛顿提出挑战的新的引力理论证实的机会。当星光掠过太阳表面的时候，按照广义相对论的引力理论，光应该会弯曲，这就证明爱因斯坦是正确的，广义相对论是科学的，否则……

当时，德国封锁了英国的海岸线。德国是英国的头号敌人，每天都有英国士兵牺牲在前线，英国人民正在忍饥挨饿，却要花费大量的金钱和人力，去证明一个德国科学家的理论，这遭到不少英国人的反对。可是，爱丁顿执著地认为科学是没有国界的。在爱丁顿的热情游说下，英国皇家天文学会开始了日全食观测的准备工作。

5月29日的日全食终于来到了。

爱丁顿右手往下一挥，轻轻地说："照相开始！"

一个助手站在架子上，用遮光板来控制每次曝光的时间。渐渐地，月亮遮住了太阳，太阳成了一个黑球。它的周围仅剩下一个亮圈，亮圈外面喷出了火舌。只听见节拍器"啪、啪、啪"地响着，报完了那302秒日全食时间。天空又渐渐恢复了它的光亮。爱丁顿数了下，前后一共拍了16张照片。

爱丁顿等不及回伦敦，他就在普林西比这个小火山岛上干了起来。他把底片全部冲洗出来后，立刻进行研究。

当他把最后一张底片和从伦敦带来的底片重叠在一起，放在照明灯的乳白色玻璃板上时，激动人心的时刻到来了。太阳周围那十几颗星星，都一致向外偏转了一个角度。星光拐弯了！空间是弯曲的！广义相对论得到了完美的证实。

这一年距离爱因斯坦发表他的广义相对论不过三年时间，在这段时间中，还发生了另一个重大事件。

艾尔莎的精心照顾

到柏林大学工作后，爱因斯坦就经常去看望自己的堂叔鲁道夫·爱因斯坦。爱因斯坦的堂妹艾尔莎在和丈夫离婚后，就带着两个女儿一直住在柏林的父亲家中。艾尔莎与爱因斯坦自幼熟悉，艾尔莎比爱因斯坦大三岁，她知道爱因斯坦的脾气，他们从小感情就很好，小时候就常在一起玩。艾尔莎一家常到苏黎世走亲戚，爱因斯坦也常到海亨根去玩。广义相对论发表后，爱因斯坦生了一场大病，1917 年 2 月，他写信给好朋友埃伦费斯特，称自己得了肝病，不能去拜访他了。艾尔莎在知道爱因斯坦生病后，主动承担起照顾爱因斯坦的任务，也正是由于这场大病，两个在情感上都孤独的人慢慢地走到了一起。

艾尔莎是位贤妻良母，是持家的好手，过去米莉娃经常把家里弄得一团糟，而艾尔莎总是把家里收拾得井井有条。艾尔莎还有一手好厨艺。她在厨房里做菜，动作优美而娴熟：由于处在战争之中，柏林的食物供应非常紧张，就在这样的情况下，她仍然有本领做出一桌色香味俱全的好菜来，让爱因斯坦感受到了少有的家庭的温暖。

艾尔莎后来曾回忆说:“我和阿尔伯特两小无猜,当我还是一个女孩子的时候,我就偷偷地爱上了阿尔伯特,他用小提琴演奏莫扎特十分美妙,每一次我都陶醉在他的琴声中……他还会弹钢琴。每当他长时间思考后,他就会弹上一会,也许他想从音乐中得到启发。他到书房里看书,然后走出书房,弹一会钢琴,又回到书房去草草写点什么,这个时候,我们不让他看见,为了不影响他的思考,有时我和玛戈特就悄悄离开房子。我所能做的就是为他准备好吃的东西,并把外衣放在醒目的地方以备他使用。阿尔伯特不会照顾自己,有时,天气不好的时候,他不穿外衣也不戴帽子就外出了,不一会儿回到家中,站在楼梯上……”

从艾尔莎的描述中我们可以看出,爱因斯坦的性格从根本上看是孤独的,也许他压根儿就不可能会成为一个普通家庭的男主人,性格倔强的米莉娃以一个世俗家庭的丈夫来要求爱因斯坦,他又怎么能做到呢?她不理解爱因斯坦,生活中琐碎的事情及矛盾导致了他们最终的分手。与米莉娃不同,艾尔莎虽然不是大学毕业,没有什么学问,更不懂什么高深的理论物理学,但她深知爱因斯坦的秉性,关键是对他很理解。她总是默默地操持着家务,就像她自己讲的那样,很早以前就爱上了爱因斯坦，现在能成为爱因斯坦的妻子，她已经很满足了，她还求其他什么呢？她所想的就是在生活上无微不至地照顾爱因斯坦，因为她爱他，其余的一切，她都可以理解。1917 年夏天，爱因斯坦从威特尔贝彻大街搬到哈伯兰大街，这样艾尔莎照顾爱因斯坦就更加方便了，因为他们成了邻居了。12 月，爱因斯坦写信给朋友说："多亏艾尔莎的精心护理，我这个夏天整整重了四磅。她亲自给我烧饭，我的身体恢复得也很快。"

生病的人，都需要一个体贴入微的、笑容满面的亲人来照顾。爱因斯坦在这段时间中，也确实从艾尔莎那儿得到了从未感受到的温情。他躺在床上，艾尔莎坐在身边替他织毛衣，给他讲她从柏林大街上听到的有趣的新闻：面粉又涨到了多少钱一磅；哪一家商店里新进了一批罐头食品，大家谁都没见过，谁也不知道怎样把那些罐头打开，也不知道里面到底装的是什么东西……生病的人往往是少食多餐，艾尔莎严格控制爱因斯坦的食量，每次都不让他吃多，但她每隔一段时间都会提醒爱因斯坦应该吃点什么了。她轻轻地走到厨房，又轻手轻脚地把茶点端到爱因斯坦身边，说："来，阿尔伯特，把这个奶油炸面圈儿吃了。"

爱因斯坦很喜欢这种家乡的儿话音，他觉得就像音乐一样。

在艾尔莎的精心照料下，爱因斯坦的身体康复得很快。但在气温下降后，1917 年冬天，爱因斯坦的病又突然加重。他患上了胃溃疡，这是他长期饮食不规律导致的。那段时间，爱因斯坦情绪十分低落，体力不支，他在床上躺了好几个月。1918 年4 月，爱因斯坦病情好转，他可以下床活动了，但医生叮嘱他不得做任何劳累的事情。谁知久病在床的爱因斯坦竟拿起心爱的小提琴，拉了近一个小时，他累倒了。

真是屋漏偏逢连夜雨，1918 年 5 月，爱因斯坦的胃溃疡还没有痊愈，又得了黄疸病。显然，长期高负荷的脑力劳动加上饮食的不规律让爱因斯坦的体质完全被推垮了。爱因斯坦后来曾讲过，他在 1918 年 8 月做了一个梦，梦见他用刮胡刀割断了自己的喉咙，这也许是他健康状况不佳的潜意识在梦中的反应，又或许是他陷入了在米莉娃与艾尔莎之间如何抉择的困境。1918 年 12 月，他写信告诉埃伦费斯特，自己的身体可能再也不会恢复健康了。

在这段艰难的岁月里，艾尔莎起着非常重要的作用，如果没有艾尔莎无微不至的精心照料，很难想象爱因斯坦的病情会向哪个方向发展，爱因斯坦深深地体会到了这一点，所以等他的身体基本康复后，就决定与米莉娃离婚，和艾尔莎结婚。离婚判决书于1919年2月14日生效，根据约定，爱因斯坦的诺贝尔奖金全部归米莉娃所有。

米莉娃在苏黎世度过了她的余生。离婚后她恢复了自己娘家的姓——玛里蒂，但是苏黎世政府1924年12月24日判决，让她恢复爱因斯坦的姓。在工作闲暇之余，爱因斯坦偶尔也会去看望自己的孩子。米莉娃是个难以相处的人，从来不相信别人，心情忧郁。

对于米莉娃，爱因斯坦有着特殊的情感，她是他的初恋，他们曾经有很多美好的回忆，但婚后他们的生活一直不是很美满，米莉娃对爱因斯坦多有抱怨。1914年米莉娃离开爱因斯坦从柏林回到苏黎世后，他们就一直分居。爱因斯坦谈到米莉娃时曾这样说过："她从不原谅我们的分居和离婚，她的观点也影响到我们的孩子，使我和两个孩子的关系恶化，一直以来我对孩子是温情的，我希望和孩子们保持一种亲密的关系，可事与愿违，这种阴影一直持续到我的晚年。"

1919年6月，爱因斯坦和米莉娃办理了离婚手续，并与艾尔莎举办了结婚仪式。他们的新家安置在艾尔莎居住的房子里。此时，爱因斯坦已经40岁，艾尔莎43岁。

艾尔莎的性格和米莉娃完全不同，尽管她没有什么文化，但她贤惠、温柔，像慈母一样照顾着爱因斯坦的饮食起居。她崇拜爱因斯坦，喜欢照顾爱因斯坦的生活，并以此为乐，爱因斯坦的声望也给她带来了荣耀，她无以为求并享受着这一切。

结婚以后，在柏林哈伯兰大街5号的高等住宅区里，爱因斯坦有了温暖、舒适的小家。新居的布置具有典型的资产阶级风味，客厅、餐厅、卧室、书房一应俱全；有地毯、庄重的家具和精巧的小摆设。一般中等有产者家庭里应有的东西，在这里都能看到。像所有有身份的人那样，他们每星期招待一次宾客，艾尔莎使出浑身解数烧出一桌桌精美的菜肴来。

爱因斯坦的性格是随性的，对待生活他永远是马马虎虎、粗线条的。以前米莉娃给他安排的家庭生活是乱糟糟的。可在哈伯兰大街5号的新家里，一切都那么井井有条，艾尔莎甚至都给他安排好每天抽多少支烟。艾尔莎每天把家具擦得铿亮，房间里窗明几净，脚下踩着柔软而有弹性的华美的地毯，一切都充满着舒适和温暖的味道。然而舒适、安稳、惬意的生活环境并没有改变爱因斯坦，爱因斯坦生来就是叛逆的性格，在科学研究、社会理想和生活习惯上，他永远是一个勇敢的反叛者。过去是，现在依然是。在这个舒适、安稳、惬意的有产者气氛的家庭里，他倒像是一个鲁莽撞进门来的陌生人。他的朋友和来访者都曾这样说过：“爱因斯坦他的家庭如同柏林的典型有产家庭一样，家里有豪华的家具、毛毯，名贵的油画……但是，从踏进爱因斯坦的房间时起，就会发现他是这样环境的‘外人’——中产阶级家庭里豪放不羁的客人。”他那乱糟糟的头发，心不在焉的神情，以及那身随随便便的衣服，在华丽的天鹅绒的大窗帘前，在豪华的花篮形的大吊灯下，总显得有些不协调。可他全然不顾这些，依然我行我素。他会光着脚在客厅里来回走着，也会光脚穿进那双后跟已经磨歪了的皮鞋里，坐在招待来宾的大餐桌旁。艾尔莎像慈祥的母亲一样任由爱因斯坦的随性，但有时也会佯装生气，向他提出抗议。爱因斯坦则会笑眯眯地说："没关系的，太太，客人都是朋友，对吗？"

艾尔莎给人的印象正好相反。卓别林与爱因斯坦是好朋友，在1931年第一次遇到艾尔莎后，曾对人这样描绘所见到的艾尔莎："她衣着得体，亭亭玉立，活力四射，她很高兴能够成为爱因斯坦的妻子，她为人坦率，热情而又善于表达自己的情感且不隐藏自己的观点，她的热情招人喜爱。"

艾尔莎对于现在的生活心满意足，特别是她发现爱因斯坦与自己的两个女儿相处得很融洽，这更让艾尔莎感到幸运。对于爱因斯坦——一个像是长不大的男孩而言，现在再也不用他去为生活、为家庭的事操心，所有的这一切艾尔莎都处理得妥妥当当的。他喜欢有人照顾自己，也很喜欢在自己家里接待客人——科学家、艺术家、外交家及其他私人朋友。现在他可以全力以赴地进行他的科学研究了。

尽管艾尔莎对新家很满意，也深深爱着爱因斯坦，但是细心的人还是发现或者说感觉到爱因斯坦与艾尔莎间的关系并不十分亲密。爱因斯坦和艾尔莎的卧室并不在一起，艾尔莎住在楼上，爱因斯坦的卧室则在楼下大厅里。他们俩看起来不像是一对亲密无间、有事共同商量的夫妻。艾尔莎很注意社会地位和他人的评价，而爱因斯坦则恰恰相反。爱因斯坦在许多场合曾流露出对神圣婚姻的快乐是有保留的。

1936 年艾尔莎刚刚去世后不久，爱因斯坦在给玻恩的信中说："我现在觉得自由多了，由于我的老伴去世，我性格中熊的特性也增多了，她（比我）喜欢交际。"爱因斯坦不止一次很坦率地描写出自己的家庭。1955 年 3 月，爱因斯坦的好友贝索去世，他在给贝索家里的信中说："我最钦佩贝索的是，他多年来不仅与妻子一直相亲相爱而且和平相处——惭愧的是，我每次都没能做到这一点。"

1920 年初，在艾尔莎与爱因斯坦结婚半年之后，爱因斯坦的母亲波林来到柏林并住在儿子家中，一直到去世。

爱因斯坦的母亲波林一生也比较坎坷，老爱因斯坦经营自己的电机生意并不成功，所以 1902 年去世后并没有给波林留下多少钱。波林没有什么收入，日子过得很艰难。起先波林到海亨根和姐姐范妮住在一起，之后她长期住在海尔布朗的一位银行家遗孀的家中做管家，操持家务，并教育几个小孩子，孩子们对她很尊敬。后来她给雅可布·科克管理家务，接着，她又搬到鲁塞耐与女儿玛亚和女婿保尔·温特勒在一起居住。

波林住在玛亚家时腹部已检查出有肿瘤，且病情十分严重，住院期间她表示希望与儿子住在一起。1920 年初，波林在女儿玛亚、一位医生和一位护士的护送下到达柏林。波林住在爱因斯坦的书房里。尽管此时已病入膏肓，波林看到自己心爱的儿子，心情大好，所以看上去依然是精神饱满。

1920 年 2 月波林去世，埋葬在柏林的勋伯格公墓。母亲的去世给爱因斯坦造成很大的打击，爱因斯坦后来在给他的医生朋友赞格的信中说："母亲病故，我们心情悲痛，精疲力竭。可以从内心深处感觉到血缘关系非同小可。"

环球演讲之旅

第一次世界大战后，德国科学家在科学会议上一般都不太受欢迎。但是作为一名著名的和平支持者，无论走到哪里，爱因斯坦都会受到欢迎。他应邀在欧洲各地讲学。1922年，爱因斯坦被授予1921年的诺贝尔物理学奖。但这并不是因为他提出了相对论，而是由于他1905年发表的光电效应理论。

在举世瞩目的荣誉面前，爱因斯坦感到前所未有的苦恼。

一拨又一拨的记者摁响了哈贝兰大街5号的门铃。没完没了的谈话、采访、拍照，添油加醋的渲染，还有莫名其妙的吹捧，把爱因斯坦给弄糊涂了，也弄得紧张万分。

爱因斯坦不无感慨地说："最可怕的还是邮递员，我已摆脱不了他的压迫了！"

每天他都会收到成百上千封讨照片、讨亲笔签名的信。也有一些讨论科学问题的信。有人请他解释空间是怎么弯曲的，也有人请他证明宇宙怎么能有限而又无边。每个人都只有一个小问题，表面上看教授只需花费一分钟时间就可以回答。但每天这样的小小的请求都有成百上千个。

幸亏有艾尔莎在。她每天得把信件分类，一类是不需回信的，一类是她自己就可以应付的，余下的交给爱因斯坦过目。这项工作要占去她大半天时间，有时她甚至要整理到深夜。

尽管有艾尔莎帮着筛选，但信件仍让爱因斯坦伤透了脑筋。

聪明的爱因斯坦想出了一个对付信件的好办法——请慈善机构代为办理讨要照片和签名的信。慈善机构作为爱因斯坦的代理机构，宣称谁捐了钱，就能拿到爱因斯坦教授的亲笔签名照片。这样既满足了名人崇拜迷的虚荣心，又帮助了穷人，更节省了自己大量的时间。对于那些讨论科学问题的信，爱因斯坦都尽量亲自回复，实在忙不过来，就请艾尔莎的大女儿帮忙。

最难应付的就是找上门来的人：各行各业的人都来找他，有摄影家、画家、雕刻家等。这个时候艾尔莎帮了大忙，她既客气、优雅，又不动声色地推掉了一件件麻烦事，挡走了一拨又一拨客人。

全世界都在谈相对论。当时，在聚会中如果谁不谈论相对论谁就 out 了。

有的人是正儿八经地谈,有的人纯粹是在瞎扯,更多的人只是为了赶时髦。

商人为了提高自身企业或品牌的知名度更是花样百出。市场上的烟贩子在叫卖“相对论牌”香烟和“爱因斯坦”雪茄。一个美国富翁愿意出 5000 美元赏金,征求一篇 3000 字的介绍相对论的通俗文章。英国的一家报上登出一幅漫画:一个大侦探打开电筒,照出一束强光,光线绕过两个大弯,落到窃贼身上。漫画的标题是:会拐弯的光!

这已经是一场闹剧了。严肃的科学理论竟被冲击得面目全非。

最令爱因斯坦感到头痛的是各式各样的社交活动。爱因斯坦不善交际,在生活中,他随性、不讲究。从他留下的许多照片中我们可以看出,他的穿着极其简朴,常常穿咖啡色皮上衣(艾尔莎送给他的礼物),一穿就是好多年,天冷时再加上一件灰色的英国羊毛衫(还是艾尔莎送的礼物),还是一穿就是好多年。

在那些上流社会的社交场合,风雅地向先生们微笑致意,向夫人们说两句俏皮话,这些都会让爱因斯坦头皮发麻。所以更多的时候,他只是“嗯、嗯”地随口应答一切应酬,和蔼可亲地面对提问,表现出来的却是心不在焉,由此外界津津乐道“爱因斯坦教授那种可爱的心不在焉”。

在荣誉面前表现得漫不经心,对研究工作爱因斯坦则是全神贯注。绝大部分时间,爱因斯坦在自己阁楼式的工作室里写作、阅读,更多是思索。他一动不动,沉浸在自己的物理学世界当中。

爱丁顿用日食证明广义相对论的完美性后,全世界广泛传播着爱因斯坦的传奇故事,他一下成为世人崇拜的偶像。德国外交部至今还保留着当时各国访问爱因斯坦的报告:

1920 年 6 月,奥斯陆:“爱因斯坦的演讲受到公众和报界出乎寻常的好评。”

1920 年 6 月,哥本哈根:“当代著名的物理学家和伟人。”

1922 年 4 月,巴黎:“……首都的自以为学识高深的人都不愿放过与爱因斯坦见面的机会。”

1923 年 1 月,东京:“一切都围绕爱因斯坦转。”

1923 年 3 月,新德里:“报纸每天都设专栏报道他的行踪……”

1925 年 6 月,蒙得维的亚:“他成为头条新闻达整整一星期之久……”

“相对论热”使得爱因斯坦每次演讲时大厅里总被挤得水泄不通。听众往往有上千人。这其中，凑热闹的、赶时髦的人当然是大多数，而且还有不少外国游客。还有些身穿珍贵裘皮大衣的美国、英国阔太太们，她们手举望远镜，仔仔细细地端详着这位学者。当时要想知道爱因斯坦教授在哪里作报告，看一下人们朝哪里奔跑，就知道了。

报告一结束，这些听众就冲向黑板，仅仅是为了抢夺爱因斯坦写字留下的粉笔头。他们想把这些珍贵的粉笔头带回家，向人炫耀。

1921 年 11 月，爱因斯坦访问莱顿。爱因斯坦喜欢莱顿，那儿有让人心旷神怡的自然风光，古老幽静的小城，四周有大大小小悠然自得地转动的风车。在那儿，可以穿着软鞋、汗衫随意散步，没有繁文缛节，没有令人讨厌的社交活动，更主要的是那儿有老朋友埃伦费斯特，可以和他自由畅快地谈物理学问题。

莱顿之行后，爱因斯坦应“乌兰尼亚”科学协会邀请来到布拉格，这也是旧地重游。

到达布拉格的当天晚上，“乌兰尼亚”协会大厅里挤满了人，大家纷纷表示对爱因斯坦的欢迎，在一连串欢迎辞后，轮到爱因斯坦讲话了。爱因斯坦出乎众人意料地在台上拿起一把小提琴，幽默地说："女士们，先生们，这儿气氛太严肃了。我先给大家演奏小提琴吧，这个更令人愉快，更容易理解。"

爱因斯坦离开布拉格后直赴维也纳，他在坐满 3000 人的音乐大厅里发表了公开演讲。

爱因斯坦在维也纳住在奥地利物理学家费利克斯·埃伦哈夫特家里。他们是一对永远不会停止争论的老伙计。埃伦哈夫特的妻子是奥地利有名的妇女教育组织家，她从爱因斯坦带来的两条裤子中拿出一条让裁缝熨平，并亲手把裤子交给了爱因斯坦。可到了演讲厅，埃伦哈夫特夫人大吃一惊，她发现爱因斯坦博士还是穿着那条皱巴巴的裤子。

1921 年 3 月底，爱因斯坦踏上了访美的旅途。

在纽约港口人山人海，到处都是迎候爱因斯坦的人群。当"鹿特丹号"邮轮靠岸时，采访的记者蜂拥而上，把爱因斯坦团团围在甲板上。不论艾尔莎有多大的挡驾本事，怎样竭力帮助爱因斯坦逃避记者的采访，都无济于事。爱因斯坦第一次见识到美国新闻记者的"敬业精神"。记者们一再请求爱因斯坦用几句通俗的话来说明相对论的本质。用几句话就能解释一门新科学理论的本质，这问题本身就是天方夜谭，可有什么办法呢？新闻记者就只要几句话，说多了，其实他们也不懂。

面对着如此热情的人们，爱因斯坦显得有些腼腆，但他的回答却是绝妙无比，他说：“如果你们不过分苛求标准答案并且把它仅仅是当做一种玩笑来接受的话，我可以对相对论作如下解释。从前我们以为，如果所有的物体从宇宙中消失，时间和空间依然存在。而根据相对论，所有的物体从宇宙中消失时，时间和空间将与物体一起消失。”

有个记者继续追问：“听说全世界只有 12 个人懂得相对论，这是真的吗？”

爱因斯坦两手一摊说：“怎么会呢？任何一个物理学家都可以很容易地弄懂相对论，我在柏林的所有学生都懂得它。事实上，在这段时间，所有国家的物理学家不仅懂得相对论，并且还参与了对它的进一步加工、完善和发展。”

娱乐版的记者们又把问题抛向艾尔莎：“爱因斯坦夫人，请问您懂不懂相对论呢？”

“哦，我不懂，尽管阿尔伯特不止一次地向我解释过相对论，但相对论对于我的幸福是完全不必要的，我的数学能力只需要够记账就行了。”

艾尔莎外交辞令式的回答把新闻记者们逗乐了。

从纽约港码头到下榻的地方，街上人满为患，到处涌动着想一睹爱因斯坦风采的美国人。主办方把爱因斯坦拥上一辆敞篷汽车，以便让他能够更直接地感觉纽约人的热情。面对如此热情的人们，爱因斯坦不知所措，在车上一会拿烟斗，一会拿小提琴，还是艾尔莎不断提醒他："你该向大家致意了。"

爱因斯坦这才明白了主办方让自己坐敞篷车的真正用意是什么，脸上露出了真诚的孩子般的笑容。这富有诗意的笑容，被敏感的新闻记者抓拍到，第二天就上了报纸的头版头条，一下就抓住了美国人民的心。美国的大地上刮起的爱因斯坦旋风，比欧洲更强劲，更持久。

在访美期间，爱因斯坦作过多场学术报告，其中以在普林斯顿大学作的四次报告最为成功。这几篇报告后来几经修改，以《相对论的四个讲座》为题出版。后来该书又更名为《相对论的意义》，是爱因斯坦的主要科学著作之一。

爱因斯坦访美时，美国正处于"相对论热"之中。人们纷纷谈论这个被称为"人类思想史上最伟大的艺术"的思想。而且，美国人似乎对爱因斯坦相对论之外的东西也非常感兴趣。比如美国报刊上津津乐道于爱因斯坦的小提琴，称："这位教授胳膊下夹着提琴盒，小心翼翼地走下扶梯。他看上去更像是欧洲的著名琴师"。

“爱因斯坦热”也刮到了国会。传闻参众两院的议员们，都扔下手里的宪法修正案，讨论起爱因斯坦的相对论来。一位议员坦白承认，自己不懂相对论。另一位议员说，他曾经研究过爱因斯坦的相对论，结果差一点儿发了疯。还有一位议员开玩笑地说，世界上只有两个人懂得爱因斯坦的相对论。可惜一位已经去世，而爱因斯坦教授本人，由于“年事已高”，也把自己最新发现的理论给忘了，大家都开怀大笑。

在离开美国的归途中，爱因斯坦应哈定勋爵的邀请在伦敦作短暂停留。一到英国，在哈定勋爵的陪同下，来到威斯敏斯特教堂拜谒牛顿墓，恭恭敬敬地献上一个大花圈。接着就去皇家学会演讲。爱因斯坦以真挚的情感、深刻的思想、真切的语言打动了英国的听众，所以尽管当时英国民众把德国看做最大的敌人，人们还是把最热烈的掌声送给了这位来自德国的物理学家，爱因斯坦大大扭转了英国科学界的情绪。可以说，爱因斯坦的伦敦演讲成为学者们国际合作的一个典范。

在英国，爱因斯坦受到了最高规格的接待，他和艾尔莎住在主办方为他们安排的一幢贵族宅邸中，住处规模比他们在柏林的寓所大许多，贴身仆人寸步不离地随时侍候他们。面对这些，爱因斯坦诚惶诚恐，他看着这些身穿制服的石雕似的人，转身对艾尔莎说："艾尔莎，要是我们企图逃跑，他们会允许我们出去吗？"

他们在一间挂着厚厚窗帘的巨大卧室中就寝。早晨，爱因斯坦像平常一样起得很早，他看着巨大的卧室，走到窗帘跟前，他想掀开窗帘看看窗外的自然风光，但窗帘太重他没有成功，背后响起艾尔莎清脆的声音："阿尔伯特，为什么不叫仆人？让他来干这个。"爱因斯坦反对道："不用了，这太可怕了。"

最后，夫妻两人一起使劲征服了窗帘，爱因斯坦才偕同艾尔莎去餐厅用早餐。

1921 年 6 月底，爱因斯坦结束了首次长途讲学，重新返回柏林。

应法国物理学家朗之万的邀请，1922 年 3 月底，爱因斯坦来到巴黎，为人们作渴望已久的演讲。第一次世界大战后，爱因斯坦是在法国公开露面的第一个德国人。

3 月31 日下午5 时，爱因斯坦来到法兰西协会最大的演讲厅。朗之万和前总理、数学家潘列维两人亲自把守大门，所有与会人员一一凭票入场。

4 月3 日，在法兰西协会的物理学讲堂里举行了一次较小范围的讨论。爱因斯坦提出用观察在彼此相对运动着的系统里的时钟的方法来校准时间是不可能的。潘列维，一位曾热情地谈论过爱因斯坦，但批评过相对论的基本前提的著名物理学家对此提出质疑。

法国共产党中央机关报《人道报》曾这样报道过其中的一次报告会："昨天下午5时，法国朗之万教授的报告厅里座无虚席，巴黎所有的物理学家、数学家和各系的教授以及全体科学院院士都出席了。这是第一次研讨会，是战后第一次两国间的学术讨论会。爱因斯坦博士若有所思地坐在朗之万身边的桌旁，平静地解答大家对他的理论提出的问题。"

三天后，4月6日，在索尔波纳举行了法兰西哲学协会会议，爱因斯坦在会上发表了自己对康德哲学、马赫哲学的看法。爱因斯坦说："我不认为我的理论是合乎康德的思想的，在我看来，康德哲学中最重要的东西，是他所说的构成科学的先验概念。依照它，某些概念是预先存在于我们的意识中的，即认为要构成科学，我们需要任意的概念；至于这些概念究竟是先验地给定的，还是任意的约定，我都不能说什么。"

在谈到爱因斯坦理论与马赫理论之间的关系的时候，爱因斯坦回答说："从逻辑的角度来看，相对论同马赫的理论之间似乎没有什么大的关联。在马赫看来，要把两个方面的东西加以区别:一方面是经验的直接材料;另一方面是概念,这却是我们能加以改变的。马赫的体系所研究的是经验材料之间存在着的关系。在马赫看来,科学就是这些关系的总和。我不同意这种观点,事实上,马赫所做的是在编目录,而不是在建立体系。马赫认为科学所处理的是直接材料,这种科学观使他不承认原子的存在,但是对于另外一点,即概念是可改变的这一观点,我倒是完全同意马赫。"

在返回德国的那一天早晨,爱因斯坦访问了法国东部备受战争破坏的城镇和乡村。面对残垣断壁,他再次流露出对战争的无比痛恨之情,表示所有热爱和平的人应不惜一切代价消灭战争,并极力谴责威胁人类文化基础的法西斯主义。爱因斯坦对陪同他的朗之万和索洛文沉痛地说:"每一个德国学生,不,全世界的学生,都应该到这里来看看。让他们认识到战争有多么可怕。"

爱因斯坦在法国虽然没有受到一年前他在美国和英国那样隆重的欢迎,但他把访问巴黎看做是德、法人民间的进一步谅解。他宣称自己是一名和平使者,他的讲学是在促进被战争摧毁的德法两国自然科学家间的交流道路上迈出的第一步。

爱因斯坦离开巴黎返回柏林后,收到了从日本寄来的一封封热情洋溢但态度坚决的邀请函。日本科学界恭候他的光临，日本人民迫切地想听他亲自演讲相对论。1922 年秋天，爱因斯坦和艾尔莎来到马赛，乘坐日本客轮向东方出发。他们穿过地中海和印度洋，在科伦坡、新加坡、香港和上海都作了短暂停留。所到之处，人们都真挚地欢迎这位近代物理学的创始人，并掀起了一股股“爱因斯坦热”。

在回忆录中，爱因斯坦记下了沿途的所见所闻及所感。

在上海，爱因斯坦受到了科学界的热烈欢迎，爱因斯坦记下了自己对上海的印象：“在外表上，中国人对自己的生活方式和儿童福利的要求是低微的，但他们比印度人更乐观，也更认真，他们的勤劳令人印象深刻。很显然他们大多数人生活的负担沉重：男男女女为每日五分钱的工资天天在敲石子，干苦力。但他们似乎并不理解他们命运的可怕。这对于任何一个想在全世界看到社会幸福、经济公平、国际和平和阶级和平的人来说，实在是一幅悲惨的图像。”

看着这个劳动着的，呻吟着的，并且顽强活着的民族，爱因斯坦的同情心再度被唤醒。他坚持认为，这是地球上最贫困的民族，他们的人民被残酷地虐待着，他们的待遇连牛马都不如。

11 月底，爱因斯坦到达日本神户。欢迎他的市民人山人海。每到一个新的城市,都会有复杂的接见、会晤仪式,主办方的馈赠接连不断。人们赠送给爱因斯坦一套《茶道百科全书》,在这卷巨著中详载着各式各样的喝茶仪式。

到日本还有一个目的,就是出版《爱因斯坦论文集》,这是第一部爱因斯坦文集。不是用爱因斯坦的母语德文,也不是用其他欧洲文字,用的是一种陌生的东方文字出版,这使爱因斯坦对勤劳好学的日本人民产生了敬意。

日本给爱因斯坦留下了深刻的印象。

在他给好友索洛文的信中,爱因斯坦说:“日本是一个奇妙的民族。人们彬彬有礼,温文尔雅,对一切新鲜事物都感兴趣,他们有艺术鉴赏力,智力上的天真与清晰的思维融合在一起。他们是这个景色如画的国度里的优秀民族。”

在日本待了几个星期后,爱因斯坦和艾尔莎带着东方人民的深情的祝福,满载礼物启程,继续他的讲学之旅。次年2月2日,爱因斯坦到巴勒斯坦访问。在巴勒斯坦,爱因斯坦受到最高规格的接待。2月8日,他成为特拉维夫市的第一个外籍荣誉公民。

爱因斯坦在英国讲学期间,不列颠高级官员萨缪尔盛情邀请爱因斯坦夫妇住进自己的官邸,并亲自担任向导。一向不拘礼节的爱因斯坦也不得不遵守这里的礼仪。每次外出,府邸里都要鸣三声礼炮。每到一处,都有身着戎装的骑兵仪仗队跟随爱因斯坦。在接见、宴会和早餐时,都要一丝不苟地遵守全套的礼仪。

爱因斯坦以幽默、宽容的态度客随主便,艾尔莎这次却提出了抗议。

她对丈夫抱怨道:“我只是一个普普通通的家庭妇女。我对所有的这些荒唐的礼仪感到不自在,也不感兴趣。你是名人嘛,你当然好对付这些了。当你搞错了礼仪或者我行我素时,人们装作看不见,甚至还为你开脱。而他们却常常有意戏弄我。他们知道我近视,就说我把放在碟子中的花朵上的绿叶当成沙拉吃掉了。”

爱因斯坦微笑着宽慰道:“忍耐点,亲爱的。我们正在回家的路上,很快就结束了。”

艾尔莎不想参加某些活动,就随便找些借口尽力回避。辞别巴勒斯坦之后,爱因斯坦和艾尔莎于 1923 年 3 月到达马赛,从马赛前往西班牙并在马德里大学作了关于相对论的学术报告,然后立即返回柏林。

定居美国

所谓现实只不过是一个错觉，虽然这个错觉非常持久。

和平战士

当爱因斯坦 1914 年初重返他的出生地德国时，他的未来看上去充满希望。但是那时天空已经布满了战争的阴云，历史上破坏力最大的一场战争即将在欧洲爆发。他做梦也没想到，到达柏林仅仅四个月后，第一次世界大战就爆发了。

在军国主义思想的影响下，人们失去正常的判断能力。煽动性的民族主义热潮不仅让普通德国人失去了理智，同时影响了许多的德国学者，柏林的教授们纷纷加入到为战争做宣传的大队伍中去。

德国的一些最著名的学者和文人，起草了一个《告文明世界书》，其中竟有“要不是由于德国的赫赫武功，德国文化早就荡然无存了”这种令人看了心寒的话。上面有 93 个著名的科学家、艺术家的签名，如 X 光的发现人伦琴、进化论者海克尔、把祖国利益看得高于一切的普朗克。

柏林的科学家，个个都为战争出谋划策。能斯特教授当上了国防部顾问。爱因斯坦的好朋友哈伯教授，也穿上了少校军服。这位德国籍犹太人研究起了糜烂性毒气和窒息性毒气。他说:"在和平时期,科学家是属于全世界的;在战争时期,科学是属于自己祖国的。"他没有想到几十年后,众多的犹太同胞都死于他所研究的窒息性毒气之中。

爱因斯坦认为不应该有战争,事实上,战争只不过是一种破坏一切的疯狂行为。他对那些发明了诸如毒气这样可怕的新式武器的科学家们感到尤为愤怒。他认为这是对科学的滥用。

战争爆发后第二年,爱因斯坦与德国以及其他地方的许多知名人士在一份名为《告欧洲人民书》的文件上签上了自己的名字,公开与93人签名的《告文明世界书》针锋相对,呼吁每一位珍惜欧洲文化的人清醒过来,结成一个国家联盟。

这个宣言充分体现了爱因斯坦的政治理想,上面讲到:

"可以这样讲,以往的任何一次战争都没有像现在这样完全破坏文化之间的合作。而这次战争又恰恰发生在这样的一个历史时刻:科学的发展,技术的进步,交通的发达,使我们清醒地认识到文化需要有国际间的交流,而且这种关系必将走向普遍的、全世界的文明。也许正是由于以前存在着那么多的国际间的联系,所以当我们看到了这种关系断绝的时候,就更加伤心,更加痛苦。

"但在这紧要关头,我们自己却一点也不能惊惶失措。

凡是对我们这个世界的文化稍微关心的人，现在都要有双倍的责任感，为维护这种文化所依赖的那些原则而起来全力以赴地斗争。然而，那些本来我们以为具有这样一种思想感情的人——主要是些科学家和艺术家们——到目前为止他们的反应，让人感觉他们好像已经放弃了任何还想维持国际间文化交往的普遍愿望。他们以敌对的态度来讲话，他们并没有站出来为和平说话。我们不能把这种态度辩解为是一种民族主义的热情而听之任之，这种态度同这个世界上被称为文化的那些东西是极不相称的。如果这种精神和态度在知识分子中间普遍流传开来，那对于人类而言将是一种严重的不幸。我们深信它不仅会威胁到文化本身，而且还会危及整个民族的生存，可笑的是这次野蛮的战争也正是以保卫民族生存为借口而发动的。

“科学技术已经缩小了这个世界。的确，今天欧洲各国相互挤撞的情况似乎很像以前那几个挤进地中海的城邦那样。旅行变得那么普及，国际间的需求供给是那么密切地交织在一起，欧洲——甚至我们可以说整个世界——现在就已经成为一体了。

“必须防止欧洲由于缺乏国际性的组织而重蹈古希腊的覆辙！毫无疑问，有教养的和善良的欧洲人都会去努力不要

让这样的事情发生。要不然，难道也要让欧洲相互争斗，逐渐精疲力竭而同归于尽吗？

“目前正在欧洲蔓延开来的战火最后是很难产生真正的‘胜利者’的，所有参加战争的国家都将会为此付出极高的代价。因此，一切国家里有教养的善良的人们都要尽力去争取这样一种和平条约，这种条约不管目前战争的结果如何，都去争取为未来撒下和平的种子；毫无疑问，这样的努力不仅是明智的，而且也是必需的。我们要利用这次战争所造成的不稳定和动荡的欧洲局势，把整个欧洲大陆熔接成一个有机的整体。事实上促成这种发展的条件，现在无论在技术上还是在文化上都已经成熟。

“当然，我们在这里并不是来讨论怎样可以达到这种欧洲新秩序。我们唯一的目的是借引来表达出我们这样一个深切的信念：整个欧洲必须联合起来保卫它的土地、它的人民和它的文化，这个时机现在已经来了。我们公开地声明我们关于欧洲统一的信念，这个信念我们相信并不是我们所独有，而应该是为许多人所共有的；我们真诚地希望这样公开声明我们的信念，能够促成一个声势浩大的欧洲统一运动的发展。

“朝着这个目标走的第一步，就是所有真正热爱欧洲文化的人——所有曾经为歌德所预言为‘善良的欧洲人’的人们——团结起来。

“我们不应当放弃这样的理想:我们的一致呼声即使在今天依然可以高过武装冲突的喧嚣,尤其是如果那些已享有崇高声望和权威的人也一起来呼吁的话。

“我们再重复一下,我们现在所要做的第一步是欧洲人团结起来。如果像我们所热忱希望的那样,越来越多的欧洲人视欧洲是一个充满生命力的事业,而不仅仅是把欧洲看成是一个地理位置上的一个名称,我们就将努力去组织这些人去联盟。到那个时候,这个联盟可以发出号召,并采取行动。

“现在,我们自己所探索的还仅仅是行动的第一步,就是发出这个挑战书。如果您认可我们的观点,如果您也决心为欧洲的统一开创一个广泛的运动而作出贡献的话,那么就请您签上自己的名字吧。”

“国家联盟”旨在促进国家间的和平。在这份宣言上签字,意味着爱因斯坦公开宣布他是一位反对战争的和平主义者。从那时起直到去世,他都将积极支持用和平的方法解决争端,支持公正和宽容。一位并肩战斗的和平主义者说:“他(爱因斯坦)非常活泼,很喜欢大笑,而且总是忍不住要拿一些最严肃的主意开玩笑……他是那些为数不多的能在一片奴颜婢膝、阿谀奉承之徒中保持精神自由的人。”同时，爱因斯坦加入了一个试图结束战争的政党。该党派于 1916 年被德国政府取缔。

1915 年夏，爱因斯坦前往波罗的海的一个偏远的小岛上度假。然后前往苏黎世看望他的儿子。在德国南部的时候，他曾带着汉斯·阿尔伯特散步和划船。

在返回柏林之前，爱因斯坦拜访了法国作家，同为和平主义者的罗曼·罗兰。罗曼·罗兰那时住在瑞士靠近日内瓦湖的一个地方。后来，罗曼·罗兰在他的日记中写道：“午饭后我们坐在旅馆的阳台上。前面是花园，成群的蜜蜂在鲜花盛开的常青藤上飞来飞去。爱因斯坦偶尔用幽默的方式来讲述最深刻的思想。他自由地发表对德国——自己第二或甚至第一祖国——的看法。我从没有见过别的德国人这样自由地讲话。”

两位思想家的思想交融了。他们谈的是和平，是各国人民携起手来，共同建设新的生活。只是他们的声音太微弱了，淹没在战线两侧的隆隆炮火声中。

有时，爱因斯坦甚至还与国外反战人士会晤，丝毫不理会德国好战分子施加给他的种种压力。爱因斯坦所在的科学院中，大国沙文主义的狂热情绪越来越浓。一些人甚至公开规劝人们在科学研究中不要引用英国学者的观点，并自诩德国科学远比英国人和法国人的理论深奥。

对此，爱因斯坦不屑一顾，他大声呼吁："战争对国际的文化合作与发展是最可怕的障碍，尤其是它对文化的破坏极大。战争破坏了知识分子从事创造性工作所不可缺少的一切条件。……所以，凡是珍惜文化价值的人，就一定会成为和平主义者。"

德国在第一次世界大战中战败，许多德国人到处寻找可以归咎的人。他们谴责新成立的、思想更为自由的魏玛共和国，将其称为"叛徒共和国"。他们还抨击和平主义者和犹太人。如果有人在战争期间是一位和平主义者，那他就会被指责为"叛徒"。作为一名犹太人，爱因斯坦也成了反犹太人的德国人的攻击目标。爱因斯坦的和平运动使他们感到愤怒，而他在全球范围内名望的日益上升更激怒了这些人。他也遭到了一些来自德国的科学家的攻击。以一位名叫菲利普·雷纳德的物理学家为首的科学家们鼓吹"日耳曼物理学"，抨击"犹太物理学"。他们谴责爱因斯坦是一个和平支持者，是一个社会主义者，更是一个犹太人。

别了，柏林；别了，德国

1925 年以后的一段时间，爱因斯坦仅仅去莱顿作了几次客座教授的报告，有很长一段时间他都没有出远门去旅行，大部分时间他都在柏林与艾尔莎及两个女儿在一起。在住处顶楼设有他工作间和图书室的房间里，安静地从事理论物理的研究工作。

1929 年 3 月 14 日是爱因斯坦的五十大寿，朋友们都在筹划为寿翁举行一个盛大的生日集会，让他放松一下，以消除多年来他在柏林的压抑、苦闷。可爱因斯坦不喜欢，一想到那种闹哄哄的场面，心里就不舒服。爱因斯坦和艾尔莎商量了一下，就留秘书杜卡斯一个人在柏林家中，然后一家人提前几天溜到柏林郊外，安静地给爱因斯坦过了生日。

回到家后，杜卡斯把世界各地寄来的生日贺电及礼物给爱因斯坦一一过目。其中有一位失业老工人，知道爱因斯坦喜欢抽烟，勒紧裤带，用省下来的钱买了一袋烟草送给爱因斯坦。爱因斯坦的眼睛湿润了。这是所有礼物中，爱因斯坦最感温暖的。爱因斯坦给这个老工人写了第一封生日答谢信。

一袋小小的烟草,让爱因斯坦感受到人世间的温暖和善良。可一幢大大的别墅,却让爱因斯坦再次感觉到柏林极右分子对他的仇恨。

事情的缘由是这样的:柏林市政府为了表彰爱因斯坦对科学的贡献,决定在爱因斯坦生日前送给他一幢郊区别墅。可由于极右分子的阻挠,两次送给爱因斯坦的都是市政府无权支配的地皮。

爱因斯坦本来对物质享受就不屑一顾,他对一再赔礼道歉的市政官员说:"算了吧,我说过好多次了,你们的一番心意我心领了。礼物的事就别再提了。"

"不行啊,教授!"市政官员解释说,"如果不送,左派就会说我们向右派屈膝。现在报纸上已经在说,纳粹分子存心捣乱,把房产档案搅混,叫市长和教授先生当众出丑。我们已经查遍房地产档案,市政厅手里没有滨河、滨湖的地产。想请您自选一块地皮,由市政厅出钱买下来送给教授先生。"

艾尔莎在柏林西南边的哈费尔湖畔卡普特村找到一块地皮,和地皮主人签订了意向合同,并请好了建筑师和工人动工建造。可就在这时,一小撮民族主义分子到处造谣中伤,阻挠市政厅购买地皮送给爱因斯坦。

本来不想接受这份礼物的爱因斯坦没想到不但礼物没得到，反而遭到那些民族主义分子的攻击和诽谤。他很愤怒地给柏林市长写了一封信，其中写道："尊敬的市长先生！人的一生是短暂的，而当局的行动却是缓慢的。我向您的友好愿望表示感谢，但此刻我的生日已经过去了，因此我谢绝您的馈赠。"

房子已经动工了，此刻停下来是不可能的，爱因斯坦不得不自己掏钱购地建房。艾尔莎后来曾回忆道："我们差不多花光了我们的全部储蓄。虽然现在我们没有钱了，但住在自己宽敞舒适的大房子里，我们感到自己更安全了。"

爱因斯坦却没有这种安全感。德国纳粹分子越来越猖狂的反犹太人活动，让爱因斯坦感到一场大灾难正在一步步逼近。

1930 年，爱因斯坦的幼子爱德华患了严重的精神病。这令爱因斯坦很担心。爱德华能干，具有惊人的记忆力，是一位有精湛技巧的钢琴家。但他在科学上对具体的成果、在音乐上表现个人的情感呈现出一种病态的低能。在别的事情上就更糟了。生病后，爱德华从对父亲的病态的狂热崇拜，变为更加病态的不满、责难和怨恨。1930 年初夏，爱因斯坦接到了爱德华给他的几乎是歇斯底里的控诉信。爱因斯坦慌忙赶往苏黎世。米莉娃痛苦地告诉他，爱德华的精神忧郁症日益严重了，整个苏黎世和维也纳的精神病专家都帮不了他。爱德华的大脑功能迅速衰竭，病情迅速发展，康复已经无望。看着爱子饱受折磨的样子，爱因斯坦受到了巨大的打击，他心力交瘁，骤然变得苍老、抑郁，返回柏林时大大变了样。

爱因斯坦比以前更加沉默，也不像以往那般风趣和幽默，这种情况即使在讲学期间也是如此。1930 年，爱因斯坦以客座教授的身份应邀在帕萨迪纳加利福尼亚工艺学院讲授了一系列课程。这一次，爱因斯坦不想重复上次访美时的热闹，而是想切实地进行学术上的探讨和交流。

但事与愿违，轮船刚抵达纽约港，一切安排都变了。轮船在这里停留了五天，接连不断的谈话、接见、访问、参观，又是谈话……轮船未靠稳，甲板上就突然出现了 100 多名记者和摄影师，他们摄入镜头的是一个头发斑白蓬乱、有点心慌意乱、脸色苍白的人。爱因斯坦晕头转向，还没有从突然袭击中弄清是怎么回事，就和其中的一位记者交谈了一小时，并且还回答了一些稀奇古怪的问题。

在从纽约动身去加利福尼亚之前，爱因斯坦顺路去了里维尔塞德—丘奇大教堂。大教堂里摆放着从古至今的伟人

塑像，其中有一尊就是爱因斯坦。这是唯一为仍然健在的伟人铸造的，爱因斯坦非常难为情，神情十分颓丧。

很明显这种颓丧的情绪是由许多因素造成的：儿子的悲惨命运，纳粹势力的一天天扩张，反理性的势力压制着科学的意识。爱因斯坦感觉已经不能进入纯物理思维的环境中去了。他感觉到环境越来越陌生。

1931 年末，爱因斯坦在和加利福尼亚物理学家们的交流和讨论中度过了整个冬天。吸引他的不只是帕萨迪纳的科学讨论，旅行本身对他也有很强的吸引力，旅行切断了那些让人痛苦的柏林的印象。如何同新环境进行交往、参与创新的讨论，对爱因斯坦来说变得日益重要了。在途中，他在日记中写道："我决定不再定居柏林，就像飞鸟一样度过余生。"

爱因斯坦在加利福尼亚待了整整一个冬天，直到 1932 年春才返回柏林。

1929 年爆发的经济危机像一场瘟疫，迅速席卷了整个世界。德国未能幸免，经济形势迅速恶化，大量工厂倒闭，街头到处都是失业大军。

在纳粹党头子希特勒眼里，这是一个天赐的良机。这个阴谋家、煽动家喋喋不休，狂热地向迷惘的、痛苦的、绝望的德国人民许下诺言:在他的带领下,将会给每一个人工作和面包。希特勒又向军队将领保证,要为1918年德国的战败报仇雪恨。他还向大金融家、大工业家频送秋波。他保证,一旦他上台,将立即让所有马克思主义者和犹太人“人头落地”。

德国的反动势力,把希特勒当成挽救德国的大救星。在他们的拥护下,希特勒日益得势,势力扶摇直上。到1932年,希特勒所领导的纳粹党一跃成为国会中的第一大党。他像饿狼一样,瞪圆了两只贪婪的眼睛,随时准备猛扑过去,他在等待时机,一口把共和国吞掉。

爱因斯坦又要走了。1930年,他接受了美国加州理工学院院长密立根的邀请。按照协议,爱因斯坦每年冬天都要去那里讲学,为期三年。已经去过两次,这是最后一次了。

爱因斯坦离开卡普特别墅时,伤感地对妻子说:“好好看一眼你的别墅吧!也许你再也看不到它了。”

艾尔莎笑了,她以为丈夫在说笑话。爱因斯坦没再作声,也没有作任何解释,他们默默地上路了。

这一次是在柏林创下丰功伟绩的爱因斯坦与德国最后一次的生死离别。

爱因斯坦离开柏林一个多月后,86岁的共和国总统兴登堡元帅把共和国出卖给了希特勒。1933 年 1 月 30 日，兴登堡元帅在魏玛共和国寿终正寝。

希特勒的“革命”开始了。街上成了 D 字旗的海洋，身穿褐色制服、臂戴 D 字袖章的冲锋队员列队而过，长筒皮靴“嚓、嚓、嚓”踩出的有力节奏打破了柏林街头冬日的宁静。数不尽的扩音器，一遍又一遍地重复着谎言，制造出希特勒的“真理”。对老百姓双管齐下，一会儿以德意志天堂来引诱，一会儿又以街头褐色恐怖来威胁，利诱威逼无所不用其极，欧洲的天空中刮起了令人战栗的北风……

希特勒的纳粹运动除了战争的叫嚣外，还有对理性的残酷镇压。他宣称科学不应当依据实验，也不应当依据符合实验的推理的逻辑联系；它只应当依据领袖的意志和训诫。人类的理性思维于是就成了希特勒法西斯主义的敌人。消灭科学中客观的和逻辑的标准是希特勒理论纲领的一个部分。纳粹教育部长鲁斯特公开宣称：“纳粹社会主义不是科学的敌人，它只是理论的敌人。”希特勒一上台，爱因斯坦自然而然成了法西斯主义的首要攻击目标。

勒纳德一直与爱因斯坦为敌，他认为报仇雪恨的时机到了。

1933 年，勒纳德宣称：“爱因斯坦的种种理论是由陈词滥调任意拼凑炮制出来的废话，是犹太人集团对自然界研究产生危险影响的一个最重要的例子。我们应该明白，一个德国人是不齿于做犹太人精神上的附庸的。德国人今天应当重新找到一条通向未知领域的自己的道路。”

3月10日，《纽约世界电讯报》记者到加州理工学院采访爱因斯坦。爱因斯坦发表公开声明：“只要我能选择，我只会选择生活在这样的国度，在这个国家里：自由、宽容，以及在法律面前一律平等。自由意味着人们有权利用语言和文字表示其政治信念的自由；宽容意味着别人的无论哪种信念都能得到理解和支持。很显然目前在德国这些都不存在。那些对国际科学事业有特别重大贡献的人，正在那里遭受迫害，其中有一些还是一流的科学家和艺术家。正像一个人受到压力时会得病一样，一个社会面临严重的难题时也同样会得病。我真诚地希望健康的氛围不久会在德国得到恢复。我也希望将来像康德和歌德那样的伟大人物，不仅仅是时常用来被人纪念的，而且也会在公共生活里。”

3月11日，爱因斯坦和艾尔莎离开加州理工学院，前往纽约，他们来到德国总领事馆。总领事请爱因斯坦坐下，他们彼此认识，双方都有点尴尬，在这个时刻、这个地方没有也不需要什么寒暄话，总领事问：“教授，您昨天对《纽约世界电讯报》发表的讲话在柏林引起很大的震动。现在您打算怎么办呢？”

“目前还没什么打算。”爱因斯坦说。

“那您这是准备去哪儿呢？”

“还没有定下来，但德国肯定是不回去了。”

“教授先生，您还是回德国去的好。现在新政权对您是很宽容的。也许您对祖国的看法有一点片面。”总领事公事公办般的语调里没有夹杂任何感情。

这个时候，秘书有事出去了。总领事立即向爱因斯坦低声说：“教授先生，我以个人的名义对您说，千万不要回德国了。您是世界上最著名、最伟大的犹太人，希特勒是世界上最狂热、最凶恶的反犹太主义者。法西斯是不会放过您的。看，这些德国报纸上面指名道姓，把您叫做犹太国际阴谋家、共产国际阴谋家。您的决定完全正确。千万不要回去了……”

这个时候，秘书从门外进来了，他所听到的是总领事还在规劝爱因斯坦：“……报纸上说，元首将给德国带来千年的幸福。教授先生，您应该相信元首的话，回德国去吧。”

几天后，应比利时当局之邀，爱因斯坦夫妇登上一艘客轮。客轮不急不慢地在波涛汹涌的大西洋航行，爱因斯坦在船上参加义演音乐会，为遭受迫害的德国犹太人募捐。广播里传来不祥的消息：乡乌尔姆的爱因斯坦大街改名了；卡普特别墅被抄家了，据说目的是“搜查共产党藏在那里的武器”。爱因斯坦在船上发表了一则声明：“这些人手持兵器，闯入我家里，不过是在当今德国发生的为所欲为的暴力行动中的一个例子。这是政府将警察的职权移交给一帮纳粹暴徒的结果……”

3 月 28 日，安特卫普港人山人海。市长和比利时的许多知名学者来到码头上欢迎爱因斯坦夫妇，欢迎他们到比利时避难。

不久，爱因斯坦到达布鲁塞尔。他把德国外交部签发的护照放在德国大使面前，声明正式放弃德国国籍。

别了，德国。

普林斯顿小城的大人物

古老的欧洲，在法西斯主义阴影的笼罩下，失去了它以往的光辉。与此同时，罗斯福的新政，却给美国带去了希望，使得美国成为反法西斯的大后方。去美国，对爱因斯坦来说，是无奈的选择。从 1921 年爱因斯坦第一次访问美国起，他对美国的印象就是复杂的。一方面他对美国社会的物欲横流、追求享乐感到不快；另一方面他又发现美国比起古老的欧洲，有着一种朝气、活力和对科学的推崇。他大惑不解："在这个被大家斥责为物欲横流的国家，居然把那些将一生的目标完全放在知识和道德领域中的人看做是英雄，这真是一个可喜可贺的迹象。"

爱因斯坦不止一次地谈起："我对美国科学研究机构所取得的成就感到十分钦佩。如果我们以为美国科学研究工作日益增长的原因是因为充足的经费，那是不正确的；潜心钻研，持之以恒，互助的友好精神，以及协同合作的才能，在它的科学成就中都起着重要的作用。同时，富裕阶层的社会意识和社会责任感也比欧洲发达得多。有钱的人认为把他的财产的很大部分，甚至是他自己精力的很大部分，交由社会去支配，是理所当然、不可推卸的责任。”

普林斯顿高等研究院就是这样建立起来的。

1930年，美国两个拥有亿万资产的兄妹，请来美国著名的教育家、学校改革家费莱克斯纳，请他帮助建立一个新型的科学研究机构。当时实用型的科学研究所在美国已经很多了，于是费莱克斯纳建议创办一个新型的高级研究机构，聘请各个学科的第一流学者。研究院不给这些学者下达任何任务，也没有什么计划，研究什么，怎样研究，由学者们自己去定，来研究院的学者享有完全的独立性，研究院只负责提供足够多的经费，好让这些世界上最著名的科学家们摆脱教学、行政、日常生活琐事的操劳，他们应当研究最高级和最普遍的问题。费莱克斯纳把这个机构定名为普林斯顿高等研究院，他是实际的组织者。在学院的规则中，费莱克斯纳反复强调，研究院是“一个自由港，学者们在这里可以把世界看做是自己的实验室，而无一日三餐之忧”。

费莱克斯纳想，如能招聘到一流的学者，就不愁没有更多的年轻的杰出学者们慕名而来。

1932年1月，爱因斯坦正在加利福尼亚的帕萨迪纳讲学。有人建议费莱克斯纳去那儿试试，如果请来了爱因斯坦，普林斯顿高等研究院的声名不就立刻传出去了吗？费莱克斯纳有些犹豫：这可是当今物理学界顶级的科学家，他愿意来吗，自己能请得动吗？

费莱克斯纳抱着试试看的态度去拜访爱因斯坦，他详细地介绍了研究院的宗旨与计划。爱因斯坦听了显示出了很大的兴趣，但没有立即同意。尽管如此，费莱克斯纳已相当满意，因为他觉得既然爱因斯坦没有反对，就说明还有很大的机会。

几个月后，爱因斯坦去牛津大学讲学，费莱克斯纳又到牛津大学再次邀请爱因斯坦来普林斯顿高等研究院。德国纳粹风起云涌的反犹太人运动给了费莱克斯纳机会。当时，爱因斯坦回德国的希望已经很渺茫了，他便有了去普林斯顿的意向。1933 年后，爱因斯坦主动与柏林断绝了关系，他答应了费莱克斯纳去普林斯顿高等研究院的请求。这对于费莱克斯纳来说，无疑是从天上掉下一个金元宝，他连连问爱因斯坦有什么要求。爱因斯坦提出两点：一是普林斯顿研究院要接受他的助手迈耶尔，给他正式职位；二是他的年薪只要 3000 美元。爱因斯坦还对费莱克斯纳说：“如果在普林斯顿维持一家一年的生活费用不需 3000 美元，还可以再低一些。”

第一个要求，几经磋商后终于圆满解决。可第二个要求却让费莱克斯纳为难了。一个堂堂的世界著名科学家，最高研究院只给年薪3000美元，这怎么说得过去呢？如果让不知内情的人知道，还以为是普林斯顿高等研究院在怠慢爱因斯坦呢！费莱克斯纳觉得自己实在担不起这个罪名。他一次又一次向爱因斯坦建议把年薪提高，到最后，他几乎是哀求爱因斯坦了。几经“讨价还价”，总算说服爱因斯坦接受16000美元的年薪。

从到伯尔尼专利局做专利审查员开始，爱因斯坦就有一个认识，工作之外的时间才是属于自己的研究时间。在他看来，科学研究是属于自己的东西。仅凭研究去拿薪水他总觉得不安。尽管从苏黎世到布拉格再到柏林，他讲课的时间越来越少，但总还是有的。如今到了普林斯顿，所有的时间都由他自由支配，他下意识地觉得惭愧。

1933年10月7日，爱因斯坦在妻子艾尔莎、助手迈耶尔博士和秘书艾伦·杜卡斯的陪同下从英国登上一艘去美国的轮船。

爱因斯坦自己也没有想到，他这是在与欧洲永别。

普林斯顿是一个人口只有几千人的美国东部的大学城。

小城里古风纯朴，林荫道上的行人稀稀疏疏，道路两旁星星点点地散布着一些一两层楼的小房子。红色的屋顶，白色的墙，掩映在郁郁葱葱的树木丛中。每一座房子都像绿色海洋中的一个孤岛。这里似乎闻不到金钱帝国的铜臭，听不见工业巨人的叫嚣。一切是那样娴雅幽静，具有古老欧洲的情趣。

爱因斯坦来到普林斯顿，让这个僻静的小城和一个伟大的名字联系在了一起，成为举世闻名的科学圣地。当代物理学之父，现代物理学的创始人迁居到这里，从此美国成了世界物理学的中心。

爱因斯坦爱上了普林斯顿，这儿没有繁文缛节，没有欧洲大陆上的呆板和清规戒律，在这儿他享受到了一个普通人生活的欢乐，也留下了不少令人津津乐道的故事。

普林斯顿有个 12 岁的女孩子，放学回家后她总是喜欢跑到爱因斯坦家里去玩。妈妈发现后，把孩子狠狠地训了一顿，说：“你怎么能浪费爱因斯坦教授的宝贵时间呢?”妈妈带着孩子去向爱因斯坦道歉。爱因斯坦笑着说：“哦，没关系的。每次来，她都会带甜饼给我吃，而我只是帮她做算术题。我想我从她那儿得到的东西，恐怕比她从我这儿得到的东西还多呢!”

在普林斯顿大学城里，学生们也很敬重这位随和的物理学大师。一天，一群大学生说说笑笑，跑来问爱因斯坦："教授，您用最浅显的话给我们解释下什么叫相对论，好吗？"爱因斯坦笑着说："在一个漂亮的姑娘旁边，你坐了两小时，觉得只过了一分钟；但如果你屁股坐在火炉上，只坐了一分钟，却觉得过了两小时。这就是相对论。"

英费尔德是爱因斯坦在普林斯顿的助手，他在回忆录中，对爱因斯坦对人们的诚恳态度、对人们的爱、对人们的责任心，作了非常准确的说明。他说："在物理学方面，我在教授那儿学到了许多东西。但最珍贵的，却是在物理学以外学到的东西。爱因斯坦是世界上最好的人。也许这句话，看起来是那么简单，其实在这个世界上最简单的却又是如此难以做到。"

许多了解爱因斯坦的人常会问自己，在这个人身上什么东西更伟大：是他深邃的思想，洞察宇宙的智慧，还是对人类遭遇的每一次灾难和对社会的不公正所表现出的共鸣之心？替爱因斯坦治过病的古斯塔夫·布基医生写道："他的人性才是一个最大和最感人的奇迹。"他解释道，爱因斯坦从不愿画家给他画像，他是一个不注重个人利益和名声的人，但有一个理由一定能让他同意。画家只需说明爱因斯坦的画像或许会(哪怕是暂时地)帮助他摆脱困境,于是爱因斯坦就毫无怨言地让这个可怜的人给自己画像,即使是花上好几个小时。在普林斯顿,人人都认识他。大街上的路人每次看见爱因斯坦的时候都会露出善意的笑容,爱因斯坦总是有点不好意思地点点头。

到普林斯顿之后,爱因斯坦的生活相对安静下来,很少出门。1935 年 5 月,爱因斯坦为了取得移民签证,到百慕大作短期旅行,这是爱因斯坦最后一次离开美国外出旅行。爱因斯坦与外界接触比较少,但这丝毫没有减少他在美国人心目中的魅力。

1940 年 10 月 1 日,爱因斯坦在大法官菲利普 · 福尔曼的主持下,宣誓成为美国公民。但爱因斯坦仍保留瑞士国籍。

晚年生活

◎ 两年事情让我敬畏:布满星星的天空和隐藏在其中的人的精神世界。

原子弹之父

原子弹并非是由爱因斯坦发明的，只是他 1905 年提出的 $E=mc^2$ 的方程式奠定了原子弹的基本原理。

早在 1921 年，爱因斯坦在布拉格讲学时，有一个年轻人非见他不可，这位不知名的年轻人说："教授，你提出了一个伟大的公式：$E=mc^2$，我则发现了一种巧妙的机器，它能把物质中亿万个原子所蕴藏的能量，统统释放出来，到那时候……"

爱因斯坦静静地听着，微笑着说："年轻人，现在不是细谈这事的时候，现在的物理学还没有发展到这样的地步，能把$E=mc^2$ 这个公式应用到实际中去。你知道吗？"

其实这也是当时多数物理学家的观点，他们认为把原子中蕴藏着的能量释放出来，那是 100 年后的事情。有人干脆说，那是永远也实现不了的事情。

可是，原子能的释放是建立在相对论发现的规律上的，因此 $E=mc^2$ 既有着理论上的意义，又具有实际运用的意义。实验研究表明，原子核的质量小于所有组成这个核的粒子（质子和中子）的质量的总和。同核子质量之和相比，核的质量的这种亏损，在原子物理学中根据爱因斯坦发现的质能关系式得到了解释。

在 30 年代末，发现了铀核的裂变反应。当铀核被中子轰击时，每个核一分为二，分成两个中等元素的核，这时所释放出的能量等于减少的质量乘以光速的平方。

不久之后又弄明白，铀核裂变时会产生中子，这些中子又会引起邻近的核的裂变，于是裂变过程中链式反应的性质显示出来。这个结果是居里在德国得出的。费米也得出了同样的结论，他是在意大利从事铀的裂变研究。在美国，西拉德和其他一些人也在研究铀的裂变问题。

当政治地平线上乌云密布，世界大战一触即发之际，原子时代的曙光冉冉升起。面对希特勒迅速增强的战争潜力，爱因斯坦越来越担心的一个问题是：物理学研究的成果将最先落到谁的手中？

1939 年 1 月 17 日，柏林《自然科学》杂志对哈恩、施特拉斯曼合著的《论铀在中子轰击下……》作了专门的报道。

爱因斯坦与玻尔进行了讨论：难道那本来认为不可能发生的事情即将要发生？难道 $E=mc^2$ 在现实中将会实现？

但是，这已经不必“难道”了。一系列实验都已给出了结论：每个铀核裂变的时候能释放出几个中子。就算释放出

n个吧，n个中子引起n个铀核裂变，一共释放出n^2个中子。这样，n^0，n^1，n^2，n^3，n^4，n^5，n^6，n^7……像一条链子，铀的裂变就能一直进行下去。万亿卡热量就将瞬时冲出，凶猛异常……

面对实验结果，费米教授惊呆了。可为什么那样幸运，实验中不曾发生链式反应，把实验室炸上天去呢？玻尔找到了答案：铀235，只有提炼出铀的这种同位素，而且要达到一定的数量，才能发生链式反应。

如果这样的话，这种链式反应就是炸弹啊！它的威力，比普通炸弹不知道要高出多少倍。刹那间，千千万万的生命会被烧成灰烬。要是这种炸弹落在希特勒、墨索里尼这两条疯狗手里……费米想到这里不禁打了个寒噤，这太可怕了。

费米教授决定去拜访海军部，报告关于链式反应的研究情况。

还有一个人，也和费米一样忧心忡忡。他就是匈牙利犹太人西拉德。他与费米教授一样，对链式反应深信不疑，如果让希特勒抢在前头，那前景将是多么可怕。

西拉德马上行动起来了。首先他去拜访了爱因斯坦，两人取得了一致的意见，爱因斯坦提笔给罗斯福总统写了一封信。

西拉德请芬兰人亚历山大·萨克斯把爱因斯坦的信转

交给罗斯福。萨克斯是罗斯福的朋友和非正式顾问，经常待在总统身边，他有许多机会与罗斯福总统见面。

这封信十分珍贵，它充分体现了爱因斯坦对和平的渴望和他坚定的信念。现将信的原文照录如下：

1939 年 8 月 2 日

致美国总统　罗斯福

白宫·华盛顿

尊敬的总统阁下：

我从西拉德以及费米发表的文章及手稿里，知道了他们最近的研究工作，所有的一切使我预料到在不久的将来，铀及其同位素将会变成一种十分重要的新能源。鉴于这一能源的特殊性，因此需要密切地关注某些方面，而且，如果有必要的话，我们政府还应采取迅速的行动。因此，我相信我有责任和义务请您注意以下的事实和建议。

最近几年来，尤其是近四个月来，通过约里奥等在德国的研究以及费米和西拉德在美国的攻关，我们已经有几分把握，如何将在大量的铀中建立起原子核的链式反应变成现实。由此,这种原子核的链式反应会产生出前所未有的巨大的能量和大量像镭一样的元素。今天几乎可以肯定,这种事在不久的将来很快就能做到。我们尤其要关注的是这种链式反应新现象完全可以用来制造炸弹,我们能够想象(尽管现在还不能百分之百地确定)用这种原料制造出巨大威力的新式炸弹来。这种类型的炸弹,用船运出去,只要一枚在港口爆炸,就会把整个港口连同他周围的很大一部分地区一起毁掉。当然通过空中运送这种炸弹,飞机可能无法承受如此大的重量。

目前,美国所蕴藏的铀矿数量不多而且品级很低。加拿大和捷克斯洛伐克都有很好的铀矿,当然最重要的品级最高的铀资源是在比利时的属地刚果。

鉴于上面所讲的种种情况,您会认为在政府和那些在美国做链式反应工作的核物理学家之间保持一种经常性的接触是可取的,而且也是十分必要的。要做到这一点,我认为一个可行的办法就是,您可以把这任务委托给一个您信得过的人,他可以非官方的身份来担任这项工

作。他的任务主要有以下两个方面:a) 联系政府的各个部门,经常告诉他们关于这项研究工作的进一步发展的情况,并且适时提出对政府下一步行动的建议,特别需要注意的是为美国取得优质铀矿的问题。

b) 设法加速科研实验工作。目前链式反应的实验工作主要是在大学实验室的有限预算范围内进行的。为了加快进度,建议扩大资金预算,可与那些愿意为这一事业作出贡献的科学家私下进行接触,也可以与那些已经具有必要装备的资金实力雄厚的工厂实验室合作来解决。

据我所了解到的情况,德国现在已经停止向其他国家出售由它接管的捷克斯洛伐克铀矿出产的铀。不难看出,它之所以采取这种先发制人的行动,其实是想最先研制出这种最新型的武器,这一点只要看德国外交部副部长的儿子冯·魏茨克参加柏林威廉皇帝研究所工作这一事实就可以得到完全的解释,这个研究所目前所做的与美国关于铀的某些工作相似。

您的诚实的阿尔伯特·爱因斯坦

起初，罗斯福并没有意识到问题的严重性，他听完了萨克斯的陈述并没有作任何指示。这样事情就被搁置了。

得不到总统的任何回复，萨克斯晚上怎么也睡不着，他在房间里来回踱着步，思考着核反应这个问题。他越想越觉得自己肩上的担子沉重，这件事情关系重大，非同小可。可总统并不引以为然，怎么办呢？感到房间里太闷热，他走出房间，来到住处附近的一个小公园里，陷入了沉思。

外面灯光很暗，风吹着树叶发出“沙沙”的声音。

突然，一个历史故事浮现在他脑海里。萨克斯知道该怎样说服总统了。他匆匆赶回寓所，洗澡更衣，天一亮就信心十足地向白宫走去。

罗斯福正在用早餐，他知道萨克斯又要旧话重提，便风趣地问道：“萨克斯，你的意思我已知道了，你到底要说多长时间呢？”

“总统阁下，我想给您讲一个历史故事。”萨克斯顾不上其他，自顾自说了起来。

“若干年前，美国发明家富尔顿发明了以蒸汽为动力的轮船。他听说拿破仑皇帝想征服英国，就向拿破仑提出建议，打造一支用新能源武装的新型舰队。这支舰队所有船只用蒸汽为动力，不管刮什么风，都能够顺利横渡英吉利海峡。

可拿破仑没有采纳，对这个建议置之一笑……”

“亚历山大，我不想做什么拿破仑，我只是美利坚合众国的总统。”罗斯福打断了萨克斯以古喻今的故事。

“总统阁下，您是美利坚合众国总统没错，可德国那个希特勒却是野心勃勃，要征服全世界呢！”萨克斯继续说道，“我刚才讲的那个历史事实，也许有人认为没有多大意义。但是英国历史学家阿克顿却不这样认为，他认为正是由于拿破仑缺乏科学见识，英国才得以幸免于难。如果当时拿破仑肯多动动脑筋，再慎重地考虑一下，总统阁下，19 世纪的历史进程也许会是另外一个样子呢！”

罗斯福没有作声。这个历史故事他是早已知道，只是他从没有像今天这么震惊，历史的教训足以引人深思。

罗斯福从上衣口袋里掏出一个小本子，在上面快速地写了几个字，撕下来交给在一旁的勤务员。勤务员很快拿回来一个纸包，那是一瓶拿破仑时代的白兰地。罗斯福吩咐勤务员倒了两杯。餐厅里顿时弥漫着一股浓郁的芳香。总统递给萨克斯一杯白兰地，自己一口喝掉，若有所思地说：“谢谢你，亚历山大，我们应当跑在希特勒的前头，否则他们会将我们炸得粉碎，对不对？”

“是这样。”萨克斯坚定地说。

总统按了一下电铃，他的秘书瓦森将军走了进来。总统把爱因斯坦的信递给他，说：“瓦森，看来我们需要立即行动起来了。”

当天晚上，由瓦森牵头成立了一个秘密委员会，举行了首次会议。当时世界上顶级的链式反应核物理学家萨克斯、费米、西拉德、维格纳、泰勒都出席了会议。只是爱因斯坦没有到场。

在罗斯福总统的充分授权下，筹备制造原子弹的机器转起来了，各方面的人才齐心协力，加快了研制原子弹的进程，最终使得美国在第二次世界大战结束前拥有了世界上第一枚原子弹。

1945 年夏天，纽约州萨兰那克湖畔依旧风景如画，一切是那么安静，爱因斯坦像往常一样，正在这里度假避暑。8 月 6 日下午，秘书杜卡斯行色匆匆，他有一个十分重要的消息要告诉爱因斯坦，发现爱因斯坦正在阁楼上工作，他没有前去打扰，这是这么多年以来他们之间保持的一种默契。爱因斯坦下楼吃茶点，他没有注意到杜卡斯脸上沉郁的表情，他拿着长烟斗，一边朝自己坐的沙发走去，一边说：“杜卡斯，有什么消息要告诉我吗？”

“今天早晨，我们的一架 B29 轰炸机在日本的广岛投下了原子弹。这是收音机里刚刚广播的消息。”杜卡斯低声地对爱因斯坦说。

“啊!”爱因斯坦痛苦和绝望地喊了一声。

爱因斯坦站住了,他的双脚好像是被钉在了地上,一动都不能动弹,脸上的表情异常复杂。杜卡斯走过来,轻轻扶着他在沙发上坐下。爱因斯坦目光正视着前方,像一尊大理石雕像一样坐在那里,时间一点点过去了,他一动不动。在他思想的海洋里,风暴来临了。

仅仅过了两天,日本的长崎又遭到美国第二颗原子弹的袭击。

“广岛已成焦土!”

“长崎成为一座死城!”

一个个耸人听闻的标题,出现在各式各样的报纸上。人们开始把爱因斯坦叫做“原子弹之父”,因为他的公式 $E=mc^2$,奠定了原子核链式反应的理论基础,因为他写给罗斯福总统的那封信,加速了美国原子弹研究和制造的进程。

“原子弹之父”,这个称号多么光荣,但在爱因斯坦看来这当中又有多少的耻辱! $E=mc^2$,这个伟大的方程,第一次如此真实地展现在全世界的面前。然而,$E=mc^2$,现在却又沾满了鲜血,带给全人类巨大的恐惧。随着“轰隆”一声巨响，天空中出现一个巨大的火球，这个火球比 1000 个太阳还热，比 1000 个太阳还亮。然而它带给人类的不是温暖和光明，而是灾难和即便若干年过后仍然存在的心灵的阴影。

真是个巨大的错误判断啊！说什么希特勒会提前造出原子弹！纳粹德国把那么多优秀的原子核科学家赶到了美国，谁为他去造原子弹呢？战后档案资料也充分表明，对希特勒研制原子弹的担忧是多虑的。在战争初期，战争狂人希特勒妄图以"闪电战"和常规武器夺得"最后胜利"，并没有抓紧将哈恩原子核链式反应的科学发现应用于战争目的。到了战争后期急需"神奇武器"来保驾护航时，纳粹的财力已经枯竭，无法进行一系列耗资巨大的核实验。正如海森堡在研究报告中写的那样，1942 年夏天，希特勒决定不进行原子能武器的研制，将有限的经费用于常规武器的制造，这一决定使德国的原子弹研制实验并没有能够持续进行下去。

实际上西拉德早就感到了沉重的压力，战后他曾写道："到了 1945 年，我们基本可以确定德国人不会用原子弹轰炸我们了，这个时候，我们担心的却是美国政府可能用原子弹轰炸别的国家。"

日本偷袭珍珠港后，出于对世界和平的追求，西拉德又去找爱因斯坦，希望爱因斯坦向罗斯福总统呈递自己的备忘录——预防对日本进行原子弹轰炸。爱因斯坦当时也有同样的感觉,他很快写好了信并发了出去,可惜 1945 年 4 月 12 日,罗斯福突然逝世,在他的办公桌上还放着那封尚未批阅的信。

落在广岛和长崎的两颗原子弹及由此引发的人间悲剧使爱因斯坦深感痛心并深深自责。安东尼娜·瓦朗坦叙述了她同爱因斯坦的一次谈话,其中就涉及原子弹这个话题:

"……灰暗的光线透过玻璃照在教授布满皱纹的脸上。他开始沉默不语,看得出他内心所受的痛苦和煎熬,这是一种因内心痛苦无法释然而引起的缄默。他那同平时一样炯炯发光的目光转向我:'实际上,我起了一个邮箱的作用。他们交给我一封写好的信,而我必须在这封信上签名。'我说:'然而您揿了按钮。'他迅速转过脸去,一动不动地注视着远方。过了许久,爱因斯坦低声地、若有所思地、几乎是一个字一个字地说:'是的,我揿了按钮……'"

1945 年 12 月 10 日,爱因斯坦在纽约举行的诺贝尔纪念宴会上发表了"赢得了战争,却没有赢得和平"的讲话。这篇讲话稿是由爱因斯坦口述,他的朋友历史学家卡勒尔执笔起草的。在这篇讲话中,爱因斯坦说:"当今的物理学家们发现他们所处的情形与阿尔夫雷德·诺贝尔没有什么两样。

诺贝尔发明了一种当时闻所未闻的最猛烈的炸药,他的本意是为了人类的幸福,结果却成为了一种超级的破坏工具。也许是为了赎罪,也许是为了良心上的宽慰,他设置这个奖项来促进世界的和平和实现这个目标。今天,在座的所有参加过研制这种历史上最可怕最危险的武器的物理学家,尽管不能说是犯罪,但也是被同样的责任感所围绕。我们不得不一再地发出警告,所有爱好和平的人不能也不应当放松我们的努力,来唤醒世界各国人民,尤其是他们的政府,使他们相信,如果任由这种情况发展下去肯定会惹起不可言喻的灾难,这个灾难不是属于某一个国家或地方,而是属于全人类,除非他们改变彼此相处的态度并且认识到他们有责任来规划未来的安全。曾几何时,为了预防人类的敌人比我们先得到它,因为我们深信按照纳粹的精神状态,若让他们抢先拥有这种武器,就意味着难以想象的破坏,以及对全世界其他各国人民的奴役,所以我们齐心协力帮助创造这种新武器,并把这种武器交到美国和英国人民的手里,我们本来把他们看做是全人类的信托者,是和平和自由的战士。但到目前为止,我们认识到我们错了,我们既没有得到和平的保证,也没有得到《大西洋宪章》所承诺的任何自由的保证。战争是赢得了,但和平却没有了。”

亲人的相继离开

在战后的岁月里,爱因斯坦常常受到一些家庭问题的困扰。多年以来,他最小的儿子爱德华一直患有精神疾病。后来米莉娃也病得很严重,这些关于她和儿子的令人不安的消息不断传到爱因斯坦那里。他一直信守着25年前的承诺,在经济上给予他们帮助,定期支付他们的各项费用,其中包括爱德华昂贵的医疗费用。爱因斯坦最后一次见到他的儿子是在1933年,从那以后,他们就再也没有见过面。1962年,爱德华死于瑞士一家精神病医院,他在那里生活了22年。

1933年,爱因斯坦一家到普林斯顿后不久,艾尔莎的大女儿伊丽莎白在巴黎去世。伊丽莎白是艾尔莎最疼爱的女儿,这对她打击很大。艾尔莎一下子苍老了许多,她把女儿的骨灰带回了普林斯顿。玛戈尔整天陪着她。不久,艾尔莎的双目出现了视觉障碍。这是心肾严重衰竭的征兆,艾尔莎的病越来越重,她整天躺在床上。玛戈尔因有事去了一趟纽约,回来后发现自己的母亲只是隔了几天的时间完全变样了。爱因斯坦非常沮丧，原本就苍白的脸色显得越发苍白，眼神里充满了无限哀伤，他对玛戈尔说："你离家这几天，她差一点就丢下我们先去了。"

爱因斯坦整日陪着她。艾尔莎对此感到十分欣慰。她一生以嫁给爱因斯坦为荣，她对友人说："从来都没有想到我对于他是这样珍贵，现在我感到非常快乐。"

为了放松心情，好好休息一下，爱因斯坦在美丽的加拿大离蒙特利尔不远的湖滨租了一幢旧房屋来避暑。艾尔莎呼吸着加拿大森林中新鲜的空气，她觉得身体稍好一些，像往常一样她又把她的心思全部放到爱因斯坦身上。她写信对友人说："阿尔伯特目前处于最佳状态，最近又解决了一些重要课题。他坚持认为，这些新的成果是他所创造的一切东西中最宏伟、最深刻也是最有价值的东西。"

但好景不长，艾尔莎的病情急转直下。1936 年 12 月 20 日，艾尔莎去世。

爱因斯坦继续过着像从前那样宽松自由又有些散漫的生活，他本身就是这样一个人，但如今的他又添了些许的不适应。很多人对他的平静大加赞许，当许多人受到内心渴望与外部作用的支配时，爱因斯坦一直保持着一份童真。他只是安安静静地坐着，间或在普林斯顿红色砖块建造的房子中间的林荫小道上散步，尔后坐在自己的办公室里研究统一场论的数学工具。实际上，爱因斯坦在30年代初就已丧失了往昔的生活乐趣，现在，这个世界上他最亲的人也离他而去了。艾尔莎死后，爱因斯坦更是时常流露出孤独感和忧伤感。

也是在这几年中，爱因斯坦还不得不目睹自己的妹妹玛亚慢慢地衰逝。

玛亚同她的丈夫曾住在佛罗伦萨，为躲避法西斯迫害，玛亚的丈夫到了瑞士，而她则决定去看望哥哥。1939年玛亚从佛罗伦萨来到了普林斯顿。人们惊奇地发现玛亚长得极像爱因斯坦，兄妹二人不仅容貌相像，而且说话的语气、面部的表情，甚至说话的方式都惊人地相似，他们都有着一颗孩子般的心灵，对一切充满着好奇，同时对现存的理论都持着怀疑的态度。

1947年，爱因斯坦写信给索洛文说："玛亚主观上自我感觉良好，从表面上看她的健康状况是正常的，但是已经处于下坡路上，而且是一条把她带到不可复归的地方去的路。"

在以后交往的一些信件中，爱因斯坦继续叙述玛亚的健康状况。他在她的病榻前陪妹妹度过了许多快乐的时光，他时常会读一些古希腊罗马作家写的书给她听。1951年夏，玛亚去世了，爱因斯坦无能为力，他所能做的只是看着自己的亲人一个个地离他而去。

1955 年 4 月 13 日，爱因斯坦的右腹部位突然感到一阵阵剧烈的疼痛，并伴随着别的症状。医生们诊断是主动脉肿瘤，并建议他动手术。爱因斯坦没有同意。

自从 1917 年那场大病以来，他一直有胃痉挛、头晕恶心和呕吐的毛病。1945 年和 1948 年接连做了两次手术，这次又发现主动脉上有肿瘤。他知道，自己应该走了，这个致命的定时炸弹随时有可能爆炸。

第二天，心脏外科专家格兰医生专程从纽约赶来，对爱因斯坦作了全身检查，尽管爱因斯坦很虚弱，开刀对于他而言有一定的危险，但格兰经过慎重思考后还是建议开刀，因为这是唯一能挽救爱因斯坦的方法。

爱因斯坦的脸上露出一丝疲倦的微笑，摇摇头，轻声说："谢谢，不用了。"

4 月 16 日，爱因斯坦的病情持续恶化。杜卡斯匆匆请来医生。医生建议爱因斯坦立即住院，爱因斯坦怎么也不肯住院，他只是摇头。医生劝爱因斯坦说："教授先生，你看杜卡斯小姐。她一人在这儿照顾您，时间长了她也吃不消啊！我看她也要病了！"

爱因斯坦看了一眼这个忠实的助手。杜卡斯从 1928 年以来一直跟着他。先当秘书，后来兼做管家，现在又兼当护士。她瘦小的身躯在昏暗的灯光下越发显得疲惫不堪。

爱因斯坦终于点头同意住进普林斯顿那家小小的医院。

一住进医院，根本就没来得及休息，他就让人把老花眼镜、钢笔、一封没写完的信和一道没有做完的计算题送到他的病床前来。爱因斯坦在病床上坐了起来，他欠了欠身子，戴上老花眼镜，抓起了钢笔，可手还未抬起，他就倒了下去。那支陪伴了他几十年的钢笔从手里滑落到地上，布满皱纹的额头上冒出一片汗珠。

也许他做得实在是太多了。

“上帝”不允许他再做了。

4 月 17 日，星期五。儿子汉斯坐飞机从加利福尼亚赶来了，女儿玛戈尔因病住在同一家医院里，她也坐着轮椅来到爱因斯坦床前。看着自己的孩子们，爱因斯坦自我感觉稍好一些。爱因斯坦和他们说了几句话，微笑着对儿女们说：“孩子们，别难过，人总有一天要死的。值得高兴的是：这里的事情，我都已经做完了。”

他对来看望他的政府官员及朋友们说：“我死后不要把梅塞街 112 号变成人们‘朝圣’的纪念馆。我在普林斯顿高等研究院里的办公室,要让给别人使用。我能留下的是我的科学理想和社会理想,其他的一切都将随我一起死去。”

那天晚上,爱因斯坦好像有预感似的,他让杜卡斯回去休息。夜里1点刚过,助理护士罗素小姐发现,爱因斯坦呼吸困难。她本想请医生来,于是向房门口走去,但听到爱因斯坦用微弱的声音说了几句话,所以连忙折回病床前。就在这一瞬间——1955年4月18日1时25分——爱因斯坦与世长辞。这个生性腼腆的科学巨人就这样安静地走了。

巨星陨落了。

两个多世纪以前,科学巨人牛顿的逝世,曾引起英国和整个欧洲的一片悲恸。

一时间,报丧的电讯传遍地球的每一个角落:“当代最伟大的物理学家爱因斯坦逝世,享年76岁。”

全球处在一片悲痛当中。

到处都是悼词:

“世界失去了最伟大的科学家。”

“人类失去了最伟大的儿子。”

每个人都毫不吝啬对这位科学巨人的称颂:“爱因斯坦开创了物理学的新纪元。”

“爱因斯坦改变了人类对世界和宇宙的认识。”

更多的报纸和杂志都重登了法国物理学家朗之万在1931年对爱因斯坦作出的评价："在我们这一时代的物理学家中，爱因斯坦位于最前列。他现在是，将来也一定还是人类科学宇宙中最灿烂的一颗巨星。也许很难讲他同牛顿究竟是一样伟大，还是比牛顿更伟大；不过，可以肯定地说，他的伟大是可以和牛顿相比拟的。我的意见是他也许比牛顿更伟大，因为他对于科学的贡献，更加深刻地进入了人类思想基本概念的结构中。"

来自学术团体，来自国家元首和政府首脑，来自著名的科学家，来自普通的男男女女的唁电和唁函，从世界的每一个角落雪花似的飞往普林斯顿。人们怀念他，因为他改变了人类对宇宙的认识。人们怀念他，因为他争取和平，为人类的进步进行不屈不挠的斗争。

爱因斯坦生前要求不举行宗教仪式，也不举行任何官方的拜祭活动。按照他的愿望，除护送爱因斯坦遗体去火葬场的少数几位最亲近的朋友外，其他人甚至连下葬的时间和地点都不知道。

爱因斯坦的骨灰撒在空中，和宇宙、和人类融为一体。

有一次，在与英费尔德的谈话中，爱因斯坦说："生命，一出多么激动人心的和辉煌壮观的戏剧。我喜欢生命，我也不怕死亡，如果我知道我的生命只剩下三个小时，这不会对我产生多么大的影响。我只会更好地利用剩下的三个小时。然后，收拾好自己的纸张，静静地躺下，死去。”

爱因斯坦的遗产

在一生中的大部分时间里,爱因斯坦是一个富有传奇色彩的人物。他所取得的成就使他成为了有史以来最伟大的科学家之一。但是除了他的科学天才外,他的谦虚和为世界和平而战的勇气也是直至今日人们依然记得他的原因。他坚信科学家们应该对他们的工作有一种负责任的态度,并发挥他们应有的作用。

爱因斯坦是现代物理学的奠基者之一。自牛顿以来的两个世纪里,他是第一位对宇宙进行了全新解释的科学家。牛顿相信绝对的时空概念,但是爱因斯坦的发现却告诉我们,时空是相对的,不同的人测量的结果是不同的,因而不存在"正确"的量度。

这是爱因斯坦在 1925 年被英国皇家天文学协会授予金奖章时的讲话:"如果有人能使我们对自然的了解更深入一些,哪怕只一点点,他也将享有无上的荣光。如果在此过程中,他还得到了他所处时代一些最伟大人物的承认、理解和帮助,那么他所得到的幸福可以说是无可比拟的。"

1949年，他写道："那种不可抵挡的，对自然界奥秘进行探索的渴望激励着我进行科学研究，除此以外别无其他动力。我对公正的热爱和在改善人类生存环境方面的努力与我对科学的兴趣无关。"

现在，爱因斯坦的相对论已经成为现代科学的基础。在相对论诞生以后的几年里，狭义相对论并没有为世人所接受，但当它解决了当时许多科学家们提出的问题之后，狭义相对论终于被认可了。广义相对论用了更长的时间才被人们所接受，因为当时人们一直没能发现它的现实意义。直到60年代，一些新的设备，如粒子加速器才能够对该理论的部分内容进行验证。1976年，广义相对论在地球和月球之间进行的激光实验中得到了证明。

爱因斯坦的发现对全球产生的影响是巨大的，单是他的名字和面庞就可以被视为科学的象征。晚年，他在政治运动中取得的声誉与他在科学界的名望不相上下。但他自己还是认为，两者相比，科学研究更为重要，因为它向我们揭示了整个世界和宇宙的秘密。罗伯特·奥本海默说："他身上总有着一种令人称奇的纯洁，像个孩子，但又那么固执。"

晚年阶段，爱因斯坦致力于将重力、电磁力和许多其他性质的力写入一个数学方程式中的研究。他希望借此破解宇宙的终极秘密，洞悉宇宙和其中每种物质的运动。今天，科学家们仍在寻求一种可以囊括一切的理论，人们将它称为“大统一理论”。

1927 年，比利时天文学家乔治·勒梅特根据爱因斯坦的广义相对论作出判断：宇宙仍在膨胀之中。他宣称宇宙起源于一个极小的能量点，这一能量点发生爆炸，产生了空间、时间和物质。这被称为“宇宙大爆炸”理论，至今仍被视为有关宇宙起源的最好的解释。1964 年，两位美国天文学家罗伯特·威尔逊和阿诺·彭齐亚斯捕捉到了来自太空的微弱放射信号。人们把这个认为是宇宙大爆炸的回音。随着人们对空间探索的不断深入，“宇宙大爆炸”理论还在不断地被完善着。

1970 年，英国科学家罗杰·彭罗斯和史蒂芬·霍金证明如果爱因斯坦的广义相对论是正确的，那么宇宙就有可能有一个确切的始点。这一点叫做奇点，在这一点上，时空的概念与我们所熟知的完全不同。

1983 年，物理学家们根据广义相对论，推算出了宇宙在从大爆炸发生后不到一秒钟的时间内直至现在的演变历史。1993 年，美国国家航空和宇宙航行局的卫星“深空探测者”记录了大爆炸发生后的余温。一些科学家相信在很远很远的将来，大约数十亿年以后，宇宙将会发生坍缩，并将在另一场大爆炸后再生。另外一些科学家们相信宇宙将继续膨胀，然后逐渐淹没在一片射线的海洋之中。科学家们探索宇宙的脚步并没有停止，他们不断地在爱因斯坦的理论中寻找着灵感，继续他们的研究，以期更好地了解宇宙。

在爱因斯坦相对论的指导下，天文学家们还发现了深空中的一些非同寻常的天体，如脉冲星、类星体和黑洞等。在这些天体周围，重力被极度弯曲。当物质密度大到一定程度，就像爆炸后的恒星一样时，黑洞就会产生。在黑洞的周围，时空结构被极度弯曲，其引力变得非常之大，物质和射线，包括光，都不能从中逃逸。

现在，天文学家们还在寻找可以作为“引力透镜”的星系。星系的质量比太阳的质量要大得多，故而光线通过它们时所发生弯曲的程度应该比爱因斯坦预计的和 1919 年实验所证明的还要大。